Achim Schwarze

Noch mehr Dünnbrettbohrer

Eine Materialschlacht der Dummheit
aus den Dissertationen unserer Elite

Eichborn Verlag

Danksagung: Sigrid Wachsmuth-Melm, Wolfgang Rühle, Andreas Stelzer, Norbert Troche, J.-F. Anders, Werner Pieper, Petra Heymann und all denen, die sich wegen meiner Vergeßlichkeit demnächst bei mir beschweren werden.

Bereits erschienen:

CIP-Kurztitelaufnahme der Deutschen Bibliothek

Schwarze, Achim:
Aus den Dissertationen unserer Elite / Achim Schwarze. — Frankfurt am Main: Eichborn

Noch mehr Dünnbrettbohrer. — 1987.
  ISBN 3-8218-1886-7

© Vito von Eichborn GmbH & Co Verlag Kg, Frankfurt am Main, September 1987. Cover: Uwe Gruhle unter Verwendung einer Zeichnung von Jürgen von Tomêi. Gesamtherstellung: Fuldaer Verlagsanstalt GmbH.
ISBN 3-8218-1886-7. Verlagsverzeichnis schickt gern: Eichborn Verlag, D-6000 Frankfurt 70.

Inhalt

EINLEITUNG

Was ist seelische Grausamkeit? Wenn man einen unschuldigen Menschen zwingt, die Doktorarbeiten von Oberlehrer Vogel, Yellow-Press-Heiler Köhnlechner und Propaganda-Messias Ratzinger hintereinander lesen zu müssen. Ewig lang und immer wieder gleich schleppt sich die pure Langeweile dahin. Völlig substanzlos, ohne eigene Kritik oder Meinung, reiht sich Zitat an Zitat. Ein hilfloses Fachchinesisch wendet sich ausschließlich an die wenigen Unglücklichen, die in späteren Jahren für die eigene Doktorarbeit jene unübertroffen unnötigen Texte durchkauen müssen, mit denen andere bereits ihren schicken Titel erschlichen haben. Jetzt weiß ich endlich, warum Professoren soviel verdienen müssen: sie sind gezwungen, den Dissertations-Quatsch ihrer Schützlinge von Deckel zu Deckel durchzulesen und zu benoten.

Wo ist da der Humor versteckt? Einmal natürlich in den Stilblüten und in diesem unsäglichen Bildungdeutsch, das auch die einfachsten und selbstverständlichsten Dinge zu einem großen intellektuellen Wurf aufwerten will. In diesem Buch sind sicher einige der unglaublichsten Antworten auf die Frage »warum einfach, wenn's auch kompliziert geht« zusammengetragen.

Nicht nur Kalauersätze wie Kohls »der Bogen umschließt alle Kreise« oder Barzels »auch der Neger ist frei« entlarven die Beschränktheit ihrer Autoren. Gerade auch in den langen, stumpfen Texten versteckt sich oft ein subtiler Lacher. Vorausgesetzt, man liest die Stellen richtig, was zu Anfang nicht leicht fällt. Man muß sie nämlich ganz langsam auf der Zunge zergehen lassen und sich am besten die Stimme und das Gehabe ihres prominenten Urhebers dazu vorstellen. Schon bekommt die übertriebene, penible und kleinkarierte Überausführlichkeit Vogels denselben komischen Zug, den Rita Süßmuths Mischung aus Betschwester und Kühlschranksoziologisch oder Köhnlechners bemühtes Herumstochern im zu Hohen gemeinsam aufweisen. Ihre Ergüsse sind komisch, weil sie entlarvend typisch sind.

Ich gehe davon aus, daß sich allenfalls eine Handvoll intellektueller Survival-Freaks durch den 32 Zentimeter hohen Stapel Dissertationen kämpfen will, der diesem Buch zugrunde liegt. Nur echte Masochisten tun sich diesen stilistischen Super-GAU in Super-Grau freiwillig an. Um sich auch noch über die fachliche Qualität der Dissertationen amüsieren zu können, müßte man sich mit den Gebieten und Themen der einzelnen Autoren zudem in einem Maße intensiv beschäftigen, das sich bei der Fadheit der Materie für kaum jemanden lohnen wird.

Daher habe ich, vollkommen unausgewogen und geschmacklos, ein Potpourri der übelsten Stellen zusammengestellt und aus Rache für die schlimmen Stunden mit den endlosen Dünnbrettbohrereien noch einen gnadenlosen Kommentar darübergegossen. Nach dem Lesen weiß man nie, worum es eigentlich ging, es bleibt nur ein befremdlicher Nachgeschmack? Genau dasselbe Gefühl stellt sich ein, wenn man eine vollständige Dissertation hinter sich hat.

Im folgenden sind alle Zitate fett gesetzt.

So findet man Ghostwriter

Die Selbstaufwertung durch den Doktortitel scheint für eine Vielzahl von Zeitgenossen ein immens wichtiges Bedürfnis zu sein. Jedenfalls stören mich immer wieder titelinteressierte Unternehmensberater, Psychologinnen und vor allem Rechtsanwälte telefonisch in meinem morgendlichen Schönheitsschlaf, um mich trotz all meiner vergangenen gegenteiligen Äußerungen zum »Betreuen« ihrer Dissertation zu überreden. Nochmal: Ich mach's nicht mehr und kann auch keine Adressen nennen.

»Suche wissenschaftlichen Berater . . . «
So schwierig ist es gar nicht, an einen brauchbaren Ghostwriter heranzukommen. Es wäre zwar gewiß eine Übertreibung zu behaupten, man brauche, vor allem in den Großstädten, nur einen x-beliebigen Taxifahrer darauf anzusprechen, der ja selbst mit größter Wahrscheinlichkeit arbeitsloser Akademiker, vielleicht sogar Titelträger und mit allen wissenschaftlichen Wassern gewaschen ist. Aber die Richtung stimmt schon. Denn wer einmal eine aufwendige Diplomarbeit oder gar seine eigene Dissertation erfolgreich hinter sich gebracht hat, dem dürfte es beim zweiten Versuch, diesmal zu unseren höheren Ehren, doch eher leicht von der Hand gehen. Zumal wenn der eine oder andere Tausender mit verführerischem Knistern lockt.

Wie kommen wir nun ran an diesen Denkakrobaten, der ja obendrein noch diskret sein soll? Am einfachsten noch immer über die gute alte Kleinanzeige in Stadtmagazinen oder den reinen Anzeigenzeitungen, die unsere Annonce sogar kostenlos reinnehmen. Natürlich kann auch ein Aushang am Schwarzen Brett der Uni viel bringen. Nicht nur beim betroffenen Fachbereich, sondern auch bei den verwandten Disziplinen und in der Mensa plakatieren! Für den Patienten mit Verfolgungswahn sei angemerkt, daß diese Aktionen auch in fremden Universitätsstädten durchgezogen werden können.

Das Verhör

Wie beurteilen wir die Qualifikation der Kandidaten, die uns nun telefonisch kontakten oder sich gar – das spricht schon für sie – hinsetzen, um an unsere Chiffre zu schreiben? Die Bewerber der engeren Wahl werden erstmal am Telefon ausgefragt. Sie sollen über sich und ihre Arbeitsweise erzählen und vor allem auf ihr bisheriges Lebenswerk eingehen. Klingt Paul interessant? Dann lassen wir ihn doch persönlich antreten und bohren nochmal nach.

Spätestens jetzt ist Menschenkenntnis, sprich zielsicheres Vorurteil gefragt. Natürlich wollen wir in erster Linie etwas über die Methodik unseres Ghostwriters erfahren. Lassen sich seine vorgelegten Werke in Aufwand und Struktur mit unserer geplanten Arbeit vergleichen? Die psychologischen Aspekte sind ebenso wichtig wie die fachlichen. Neigt unser Schreiber zum Aufstecken, zum Pfuschen, zum Schnell-Schnell, oder ist er überpenibel (was dann stört, wenn wir selbst das Material zusammenzutragen haben, aus dem er die Dissertation formen soll)?

Ghostwriting ist immer Vertrauenssache. Macht unser Kandidat den Eindruck, als werde er sich vor jedem seiner 2441 Freunde damit brüsten, gerade an unserer Dissertation zu basteln? Wenn unsere unlauteren Absichten irgendwann einmal – und sei es noch vor Abgabe der Dissertation – an der Uni bekannt werden, können wir natürlich mit keiner weiteren Unterstützung unseres mühsam aufgestöberten und überredeten Doktorvaters oder irgendeines seiner Kollegen rechnen.

Abwicklung und Vorschuß

Der Gesamtauftrag sollte in mehrere Arbeitsphasen aufgeteilt werden, die man nach jeweils erfolgreicher Abwicklung auch separat bezahlen kann. Das ist ein guter Kompromiß gegenüber dem für uns ungünstigen, aber von vielen Ghostwritern kategorisch geforderten hohen Vorschuß, den man vielleicht so wenig wiedersieht wie je ein einziges brauchbares Blatt der Doktorarbeit auf dem Schreibtisch landet. Vorschuß macht träge! Andererseits müssen wir verstehen, daß der Schreiber auch sichergehen will, daß wir nachher nicht das Bezahlen vergessen.

Wo wir gerade vom Geld sprechen. Auf so etwas wie ein Erfolgshonorar läßt sich kein vernünftiger Schreiber ein! Für ihn ist es ein Grunderfordernis der Zusammenarbeit, daß wir beide an den Erfolg seiner Bemühungen glauben.

Erpressung
Natürlich sind wir von dem Moment an erpreßbar, zu dem wir die fertige Arbeit mit der Versicherung bei der Uni eingereicht haben, sie vollkommen allein und ohne Schmus erstellt zu haben. Andererseits sollte man auch die Rechtssitutation sehen. Erpressung gilt − zu Recht − als Kapitalverbrechen und ist, selbst wenn keine Gewaltandrohung im Spiel ist, mit hohen Gefängnisstrafen bedroht. Die Schummeldissertation hingegen bringt uns nur eine gewisse Einbuße an akademischen Ehren und kostet vielleicht ein paar Mark Geldstrafe wegen Betruges (aber man ist vorbestraft! Nichts ist mehr mit Bundeskanzler oder Verbeamtung!). Daneben dürfen wir nicht verkennen, daß es schwer fallen dürfte, uns den Betrug nachzuweisen, können wir doch behaupten, mit dem angeblichen Ghostwriter zwar so bekannt zu sein, daß er Zugang zu unserem Manuskript gehabt hat, ihn aber nie als Helfer eingesetzt zu haben.

Wer zum Verfolgungswahn neigt, kann den Kontakt zum Ghostwriter über einen Mittelsmann laufen lassen und ansonsten nur schriftlich oder telefonisch kommunizieren. Es nützt sehr, wenn bei einer solch übervorsichtigen Konstellation der Titel der Arbeit so gewählt ist, daß er sich durch den Inhalt der Arbeit nicht unbedingt aufdrängt. Dadurch wird es für den Ghostwriter schwerer, seine Arbeit aus der unüberschaubaren Flut jährlich erscheinender Dissertationen bestimmter Fachbereiche herauszufischen.

Das kostet der Doktor
Und was kostet die Sache? Das richtet sich nach dem Umfang der Arbeit und danach, wieviel der Ghostwriter auf eigenem Mist wach-

sen lassen muß. Am günstigsten fahren wir, wenn wir die Doktorarbeit grob skizzieren und bereits eine inhaltliche Gliederung erarbeiten. Dann können wir unserem Schreiber zu jeder Einzelposition einen konkreten Auftrag geben, etwa, daß er diese oder jene Kernaussagen der für das Thema wichtigen Fachautoren in Exzerptform zusammenfaßt und mit ein paar Quellenzitaten garnieren soll. Stundenlohn nicht über 20.- Mark.

Wem das endlose Formulieren im geforderten Fachchinesisch schwerfällt oder einfach nur auf den Sender geht, aber andererseits bereits Aussagen samt Quellen und Gliederung vorbereitet hat, engagiert sich einen gewandten Fabulierer aus dem akademischen Milieu und zahlt 20-30.- Mark pro Seite fürs Ausformulieren.

Möchte man sämtliche anfallenden Arbeiten einer Dissertation übertragen, schnellt der Preis radikal in die Höhe, da Kreativität immer das Teuerste ist. Unter 10.000.- Mark läuft da gar nichts. Müssen wir jedoch einen schweren 300-Seiter vorlegen, kann uns das auch 30.000.- Mark kosten. Alle Preise sind Verhandlungssache. Bei der Rundumlösung werden wir uns eher auf einen Profi mit Erfahrung oder Referenzen verlassen; diese Leute sind allerdings besonders kostspielig.

Aufwand begrenzen!
Über den Aufwand, den man selbst oder der Ghostwriter mit der Doktorarbeit haben wird, entscheidet vor allem die Wahl des Themas. Am angenehmsten sind Arbeiten, die sich mit dem vergleichenden Verständnis der Bücher irgendwelcher Fachautoritäten beschäftigen oder verschiedene Lehrmeinungen gegenüberstellen. Hier ist das Quellenmaterial übersichtlich. Je unbekannter die behandelten Autoren, desto geringer der Umfang der Sekundärliteratur, die wir ebenfalls bewerten müssen. Auch die statistische Arbeit bereitet uns große Freude. Hier kommt es darauf an, eine möglichst klar definierte Gruppe von Menschen, Produkten, Handlungen etc. zu finden, die auf irgendein nichtiges Kriterium hin statistisch überprüft werden sollen.

Dr. Walter Wallmann

GEISTESKRANKE, ASOZIALE, PROSTITUIERTE UND VERBRECHER

Das Thema dieser Arbeit ist in ähnlicher Formulierung in den vergangenen Jahrzehnten mehrfach gestellt und behandelt worden. (S.17). Unsere Schlußfolgerung, daß Walli nichts Neues zu sagen hat, bestätigt sich im Verlaufe der Dissertation. Aber Walli zweifelt nicht **an der ihm zuvörderst obliegenden Aufgabe (S.112)**, auch wenn die **Begründetheit (S.72)** seines Tuns etwas dünne ausgefallen sein mag.

Um es vorwegzunehmen: unser schreibender Held ist gegen die Züchtigung von Kindern, ein bißchen wenigstens. **Wir bitten aber zu beachten, daß die Züchtigungen, die ein Lehrer aus einer Notwehr- oder Notstandssituation vornimmt, von den allgemeinen Rechtfertigungs- und Entschuldigungsgründen wirksam erfaßt werden und deswegen hier auch nicht behandelt werden. (S.18)** Schade, daß wir über die »allgemeinen Rechtfertigungs- und Entschuldigungsgründe« nicht viel erfahren sollen. Nicht verzweifeln: **Indessen gebietet eine solche Untersuchung unter juristischen Aspekten an mancher Stelle, wie wir sehen werden, ein Eingehen auf den Standpunkt, den die Pädagogik zu dem Problem der körperlichen Züchti-**

»Zur strafrechtlichen Problematik des Züchtigungsrechts der Lehrer unter besonderer Berücksichtigung des geltenden Verfassungsrechtes«
Inaugural-Dissertation zur Erlangung der juristischen Doktorwürde der Rechts- und Staatswissenschaftlichen Fakultät der Phillips-Universität zu Marburg, 1965 vorgelegt von Walter Wallmann, Gerichtsassessor aus Uelzen (gut gemeint im Alter von 33 Jahren). Umfang: 112 Seiten

gung einnimmt. (S.52) In einer Doktorarbeit über die Züchtigungsberechtigung von Lehrern erwarten wir das eigentlich automatisch, nicht nur an mancher Stelle.

ER QUÄLT EIN TIER UND SO WEITER

Ein kurzes Wort noch zu Wallmanns wissenschaftlicher Qualifikation: **Wir glauben insbesondere auch aus den Berichten von Familienangehörigen, die als Pädagogen tätig sind, sehr wohl um die schwere Aufgabe der Erzieher in der heutigen Schule zu wissen. (S.19)** Ja, es geht eben nichts über solide wissenschaftliche Quellen! Empirische Methoden oder gar konkrete statistische Erhebungen wie z.b. die Meinungsumfrage schätzt Wallmann dagegen geringer ein als das familiäre Hörensagen: **Unseres Erachtens besagt diese Meinungsumfrage über eine Existenz des fraglichen Züchtigungsrechtes gar nichts. (S.57)** Wenn man nämlich schlichte Eltern fragt, ob sie meinen, daß Lehrer in der Schule das Recht zur Züchtigung der Kinder haben, könnte ein von Walli unerwünschtes Ergebnis herauskommen. Er disqualifiziert die Methode daher mit der ihm eigenen Plumpheit: **Indem das Bayrische Staatsministerium eine solche Elternbefragung durchführte, hat es in Wirklichkeit bewiesen, daß eine tatsächliche Übung eines vorhandenen Rechtsgeltungswillens nicht bestand. (S.58)** Für eine solche Beweisführung hätte es in der zweiten Klasse des Gymnasiums im Besinnungsaufsatz einen Fünfer gesetzt. Daß ich frage, ob nach Auffassung der Bürger ein Gewohnheitsrecht existiert oder nicht, beweist wirklich nicht die Bohne die Nichtexistenz dieses Gewohnheitsrechtes. Doch weiter in Wallis dummdreister »Argumentation«: **Hätte nämlich sich ein solcher Wille in der Wirklichkeit manifestiert, so hätte es einer Umfrage nicht bedurft, um über die Existenz eines Gewohnheitsrechtes Gewißheit zu erlangen. (S.58)** Für unseren Walter existiert nur Schwarz oder Weiß, daß 55% für etwas, gleichzeitig aber auch 45% dagegen sind, das kann er sich mit 33 offenbar noch nicht vorstellen,

11

schon gar nicht, daß sich die statistische Verteilung von Meinungen im Volk mit der Zeit verschieben könnte. Glücklicherweise kommt Walli in seiner Dissertation ohne viel Nachdenken aus.

Nun sag uns erst mal: wann darf der Pauker die saftige Watsche an uns Schüler verteilen? **Beleidigt ein Schüler seinen Lehrer, wird er tätlich, gefährdet er einen Klassenkameraden, quält er ein Tier usw., so kann die sofort vorgenommene maßvolle Züchtigung durchaus rechtmäßig sein.** (S.18) Lehrerbeleidigung, wie? Und Tierquälerei? Vor allem aber »usw.«! Nach welchen Kriterien wird draufgehauen, wie doll und so weiter? **Entscheidend soll in jedem Fall sein, wie ein verständiger Pädagoge sich verhalten hätte. Da der Lehrer nicht nur Kenntnisse zu vermitteln, sondern die Schüler zu sittlicher Persönlichkeit zu erziehen hat, ist hieraus letztlich zu beantworten, wann ein Lehrer zur Züchtigung genötigt und berechtigt ist.** (S.28) Und man beachte: der schlagende Lehrer beantwortet sich selbst die Frage nach dem Wann! Für die Entwicklung der sittlichen Persönlichkeit muß es bei den schwer erziehbaren Schülern besonders ernsthaft klatschen. Doch die Zeiten haben sich geändert. Die Maulschellen schmerzen den Schüler zwar noch so wie im tiefsten Mittelalter, aber: **Die Lehrer sind bei der Ausübung ihres angeblichen Züchtigungsrechts unsicher geworden. Ein Lehrer, der heute noch einen Schüler schlägt, tut dies mit schlechtem Gewissen.** (S.59) Wenn das nicht tröstlich ist...

Wir sind schließlich auch geprügelt worden, und trotzdem ist aus uns was geworden. Noch weniger schlimm als der gewalttätige Lehrer sind prügelnde Eltern, die dürfen für die sittliche Reifung des Kindes auch mal ohne Berechtigung kräftig hinlangen: **Dagegen wirkt sich die Züchtigung durch die Eltern weniger nachteilig aus, weil die den Kindern dargebrachte Liebe und das enge Verwandtschaftsverhältnis erzieherische Fehlleistungen vergessen lassen.** (S.53) Das ist wohl so bei Familie Saubermann, über deren Verbreitung wir bitte keine empirische Untersuchung anstrengen wollen.

Halten wir einstweilen fest: **Die uns bewegende Frage heischt eine**

Antwort in rechtlicher Sicht: (S.52) In rechtlicher Sicht also? Was soll das denn bitte heißen? Doch Vorsicht, nicht zu laut gefragt! Wenn der Schüler das schwache Deutsch unseres Oberlehrers Wallmann bloßstellen würde, würde gewiß der Notstand in Form einer gerechtfertigten kräftigen Ohrfeige ausbrechen.

Eben noch wollte Walli keine statistisch exakte Meinungsforschung, doch schon wenig später führt er seine eigenen empirischen Erkenntnisse in die dünne Argumentation ein: **Denn in manchen Gesprächen mit - durchaus gebildeten − Laien haben wir festgestellt, daß eine gar nicht geringe Zahl unserer Rechtsgenossen die Prügelstrafe für Sexual- und Gewaltverbrecher nicht nur für eine sehr wirksame und abschreckende, sondern auch für eine durchaus legitime Strafe hält. (S.62)** Unglaublich: um 1965 gab es gebildete Leute, die sich freiwillig mit Walli unterhalten haben!

Ansonsten reicht die Beobachtung unserer Zeit aus, um genügende Daten für demoskopische Schlußfolgerungen aufzuschnappen: **Jeder aufmerksame Beobachter unserer Zeit wird zudem bemerken, daß weite Kreise unseres Volkes für einen härteren Strafvollzug, wozu auch ein »härteres Anfassen« der Strafgefangenen gerechnet wird, Stellung nehmen. (S.62)** Einmal im schwammigen Morast dumpfer Vermutungen, wissenschaftelt Walli über die Motive der Volkesmeinung: **Dabei mögen die verschiedensten Erwägungen moralischer, aufklärerischer oder religiöser Natur mitgesprochen haben. (S.62)** Besonders die Erwägungen religiöser und aufklärerischer Natur lassen ein härteres Anfassen von Strafgefangenen und die Prügelstrafe für Sexualstraftäter für geboten erscheinen?

Verletzen Prügel eigentlich die Menschenwürde? In der Tat lassen sich auch nur sehr wenige Handlungen denken, die stärker als Prügel die Würde des Menschen zu verletzen vermögen. (S.71) Jetzt müssen wir natürlich noch ganz wissenschaftlich klären, wer eigentlich Mensch ist: **Wer nämlich in menschlicher Gestalt lebt, ist Mensch. (S.83)** Auch ältere Nutten und ältere Kriminelle leben in menschlicher Gestalt und dürfen nicht geprügelt werden, weil das ihre Menschenwürde verletzen würde. Was ist mit jungen Menschen? **Was als Verletzung der Würde eines Verbrechers oder einer Prostituierten gilt, muß viel mehr als eine Verletzung der Würde eines jungen Menschen angesehen werden.** (S.84) Aha, jetzt wissen wir auch, wer die Guten und wer die Bösen in dieser Räuberpistole sind. **Bei genauer Durchleuchtung dieser Lehre.** (S.107) stellen wir fest, daß Kinder mehr Menschenwürde haben als Halb- und Unterweltler. Wenn sie dennoch durchgeprügelt werden, liegt das daran, daß sie es verdienen: **So können Frechheiten, Ungehorsam oder vorsätzliche Störungen den Lehrer zur Züchtigung berechtigen.** (S.28) Müssen wir nicht daraus schlußfolgern, daß die freche Nutte erst recht tüchtig was aufs Maul verdient, wenn Frechheit schon beim Kind als Grund für Gewalt hinreicht? Oder konnte sich Walli nur nicht von den gewalttätigen Erziehungsidealen der guten alten Kaiserzeit lösen? **Dabei darf mit der Züchtigung nur das Ziel einer Persönlichkeitsbildung, einer Formung des Schülers zu einem sittlich verantwortlichen Menschen verfolgt werden...** (S.100) Au weia, das hatten wir freilich fast vergessen! Hart, aber gerecht geht es zu. Und so brutal, wie die Persönlichkeitsbildung es verlangt: **Trotz dieser Einsicht wollen wir aber nicht verkennen, daß es Fälle eines pädagogischen Notstandes geben kann, in denen es unmöglich erscheint, einen Lehrer wegen einer an einem Schüler vorgenommenen Züchtigung wegen Körperverletzung zu verurteilen.** (S.109) Wie gehabt dürfen die Lehrer allein entscheiden und nach Gutdünken Frechheiten mit dem Rohrstock, Störungen mit dem Schlüsselbund ahnden. Striemen und Bluterguß – »bis du verheiratet bist, ist das schon vergessen«.

Dresche bleibt Dresche. Für uns schwererziehbare Kinder ist der Schmerz der gleiche, der behandelnde Arzt sieht ebenfalls keinen Unterschied. Doch für Walli ist die feingliedrige Psyche des zuschlagenden Paukers feingliedriger als man denken möchte: **Wir erkennen nicht einen rechtfertigenden, sondern nur einen entschuldigenden »pädagogischen Notstand« des Lehrers an.** (S.109) Um das noch weiter zu klären sei gesagt: **während das Vorhandensein eines Rechtfertigungsgrundes üblicherweise zum Ausschluß der Rechtswidrigkeit führt, bewirkt das völlige Verhaftetsein von Unrechtsausschlie-**

ßungsgründen im Gemeinschaftsleben und ihr Verständnis als sinn- und zweckhaft für das gemeinschaftliche Miteinander den Aus- schluß der Tatbestandsmäßigkeit. (S.107)

Verbrecher, Kinder, Nutten, Menschenwürde - egal. **Es bedarf kei- ner näheren Begründung, um abschließend festzustellen, daß der Begriff der Menschenwürde, der auf dem Boden des humanitären Menschenbildes erwachsen ist, für die Beantwortung konkreter Ein- zelfragen wie z.B. für das Thema der vorliegenden Arbeit, nicht viel hergibt. (S.77)** Nun sagt das Grundgesetz zwar, die Menschenwürde sei unantastbar. Eine ganze Reihe Menschen meint sogar, **diese Würde komme auch Unmündigen, Geisteskranken, Asozialen, Pro- stituierten und Verbrechern zu. (S.72)** Aber offenbar war niemand in Wallis Famlienkreis oder unter den mit ihm persönlich umgehenden Laien, der ihn von der Brauchbarkeit der Menschenwürde in der Züchtigungsdiskussion überzeugen konnte. Walli meint schnöde: **Damit ist natürlich für den Einzelfall wenig anzufangen. (S.73)**

BEI VERFALLENEN GREISEN

Einen Spritzer Religion gönnt er uns noch zu diesem Punkt: **Im Den- ken derjenigen, die von einem christlichen Menschenbild her den Begriff der menschlichen Würde zu bestimmen versuchen, spielt auch der Gesichtspunkt der Ebenbildlichkeit des Menschen mit Gott eine Rolle. (S.77)** Einen so ausgesprochen schwierigen Begriff wie »Ebenbildlichkeit« meint er für uns Laien nochmal genauer erklären zu müssen: **Dabei ist mit Ebenbildlichkeit nicht Gleichheit, sondern Ähnlichkeit gemeint. (S.77)**

Was hat Religion in der Juristerei verloren? **Die enge Verbunden- heit von juristischer und theologischer Disziplin ist im übrigen nicht nur früher und nur für diesen Bereich anerkannt worden, sondern ist zum Teil ganz allgemein festgestellt worden. (S.80)** Doch auch

Rechtskundler Wallmanns zum Teil ganz allgemein festgestellte Sympathie zur verwandten Disziplin Theologie – wie Jura auch ein ausgesprochenes Laberfach – nützt der Menschenwürde wenig: **Zu einem solchen Verständnis und Erkennen der Würde vermag dem Menschen nur Gott zu verhelfen. (S.81)** Um Gottes Willen! Vielleicht kann er das. Ganz sicher jedoch vermag Walli uns nicht dazu zu verhelfen. **Wenn Gottes Wille für den Bereich der Rechtsordnung Beachtung finden muß, dann ist zu berücksichtigen, daß er den Menschen sich zum Bilde erschaffen hat. (S.81)** Damit können wir auch nicht rasend viel anfangen. Eins steht jedenfalls fest: **Die Sünde ist etwas anderes als das Unrecht aus juristischer Sicht. (S.82)** Oder noch genauer: **Sünde muß nicht gleichzeitig Unrecht, und Rechtmäßigkeit nicht gleichzeitig Sündenlosigkeit bedeuten. (S.82)** Hier hätten wir gern ein paar nette Beispiele gehabt, aber da Prostituierte und Verbrecher gerade ihren Jahresurlaub genommen haben, müssen wir uns mit Wallis nackten Behauptungen zufrieden geben.

Wo Gott versagt, bemühen wir lieber Grundrecht und Grundgesetz. Doch Fehlanzeige, **denn niemand vermag abstrakt festzustellen, was etwa der Wesensgehalt, der Kern usw. des Grundrechtes Freiheit, der körperlichen Unversehrtheit usw. darstellt und was der nicht Wesensgehalt seiende, aber doch noch zum Grundrecht gehörende verbleibende Teil ist. (S.98)** Da hätte Walli nur mal eines der unzähligen etwas gelungeneren Fachbücher zum Thema aufschlagen müssen. Warum tut er's nicht? Wohl, weil der nicht Wesensgehalt seiende verbleibende Teil des Grundrechtes zu klein wäre, um das Einprügeln auf Kinder wie gewünscht zu rechtfertigen. **Für die Frage der Wirksamkeit eines Gesetzes, das den Lehrern die Züchtigung gestattet, kommt es demnach nunmehr darauf an, ob damit der Wesensgehalt der menschlichen Würde angetastet wird. Dabei taucht die Schwierigkeit auf, den Begriff Wesensgehalt genau zu bestimmen. (S.97)** Schwierigkeiten stellt sich Walli nicht so gern; er erklärt den Begriff Wesensgehalt - prima Arbeitsersparnis! – einfach für nicht genau genug bestimmbar.

Statt auf die Idee zu kommen, daß jedem Menschen seine Menschenwürde zusteht, setzt er sich umständlich mit fremden Lehrmeinungen auseinander, die nur dem Menschenwürde zusprechen, der bei Trost ist. Walli fragt schlau dagegen: **Wie sollte nämlich entschieden werden bei Geisteskranken oder bei verfallenen Greisen, die gar nicht handlungsfähig sind, denen die Freiheit zu jeder Entscheidung fehlt, weil ihnen die Voraussetzungen zu intellektueller Einsicht in die vielfältig denkbaren Entscheidungsmöglichkeiten nicht gegeben oder wieder abhandengekommen sind. (S.84)** Meint er sich selbst? Fürchtet er um die Aberkennung der eigene Menschenwürde durch die Leser seiner Dissertation? **Denn wenn es auf die Handlungs- und Entscheidungsfähigkeit oder auf die Fähigkeit zur Bestimmung und Identifizierung des eigenen Ichs, auf die Fähigkeit zum geistig-seelischen Erlebnis, wenn es also auf das Vorhandensein gewissen Empfindungsvermögens, Intellekts und gewisser Handlungsfähigkeit ankommt (wobei noch ungewiss ist, nach welchen Maßstäben dabei zu entscheiden ist), dann ist offenkundig, daß bei deren völligem Fehlen den betreffenden Menschen keinerlei Würde eigen ist. (S.85)** Eigen »wäre«, Walli, »wäre«! Wenn du »ist« sagst, zitiert dich am Ende jemand damit in sinnentstellender Weise.

Wenn es also auf die Handlungsfähigkeit und das Vorhandensein einer gewissen Handlungsfähigkeit ankäme ... Lassen wir das... Um nicht zum Kern des Problems zu kommen: **Verschiedene in Rechtsprechung und Lehre anläßlich der Erörterung des Züchtigungsrechtes von Lehrern vorgetragene Ansichten bedürfen eines besonderen Eingehens. (S.60)** Haben jetzt eigentlich Lehrer diese Ansicht geäußert? Oder waren es doch Fachleute und es liegt nur an Wallis Schwiemeldeutsch, daß man ihn hier, zum x-ten Male, mißverstehen kann?

DIE NICHT FORTZUDISKUTIERENDE SITUATION

Eines besonderen Eingehens bedarf auch die folgende wallmännische Einsicht: **Die Züchtigung in der Schule ist auch nicht etwa mit dem ärztlichen Eingriff zu vergleichen. Denn: in der chirurgischen Klinik pflegt man zu operieren, aber in der Schule pflegt man nicht zu schlagen. (S.107)** Das kommt ganz auf die Schule an! Doch nicht nur beim chirurgischen Eingriff heißt es aufgepaßt: **Denn bei der nach dieser Meinung zu treffenden Güterabwägung zwischen Ziel und Schwere des Eingriffs wird lediglich festgestellt, daß die Beschränkung eines bestimmten Grundrechts zu Lasten eines bestimmten Rechtsgenossen oder einer bestimmten Gruppe notwendig ist. (S.111)**

Die von Walli **geübte Argumentation (S.62)** wendet sich dem Prügelrecht der Eltern zu: **Das Züchtigungsrecht der Eltern umfaßt keine anderen Befugnisse als das Recht, die eigenen Kinder züchtigen zu dürfen und ist daher der dem Ausübendürfen (Rechtsmacht) des Züchtigungsrechts entsprechende und gemäße Rechtsbegriff. (S.68)** Was Recht ist, muß irgendwie auch rechtens sein. **Darin aber kann keine Verletzung der Würde gesehen werden. (S.75)** Denn schließlich kommt es auf den Menschen nicht so an: **Denn käme es auf den Menschen, der gezüchtigt wird, an, so wäre es schlechterdings unfaßbar, daß ein gemeiner Rückfallbetrüger oder Sittlichkeitsverbrecher, der zum 10. oder 20. Mal zu einer Freiheitsstrafe verurteilt worden ist, nicht gezüchtigt werden darf, während die Züchtigung eines kleinen 6-jährigen Jungen wegen Schwatzens nach der Rechtsordnung zulässig sein soll. (S.63)** Das wenigstens haben wir in Sachen des Ausübendürfens inzwischen kapiert: Störung des Unterrichts gleich Ohrlasche, siehe oben.

Wir lernen: **Es ist also durchaus möglich, Grundrechte des Einzelnen nach Zweckgesichtspunkten einzuschränken, ohne daß damit**

ein Verstoß gegen die Würde angenommen werden könnte. (S.75) Die sittlich wertvolle und damit entschuldigte Backpfeife zum Beispiel. Zum 10. oder 20. Mal, weil's so schön ist: wenn es der Persönlichkeitsbildung nützt, darf man Kinder gelegentlich durchprügeln, nie jedoch den zum 20. Mal zur Freiheitsstrafe verurteilten Verbrecher (der muß steinalt sein und überlebt am Ende die Abreibung vielleicht nicht!): **Daß mit der Züchtigung von Erwachsenen deren Würde verletzt wird, ist allenthalben anerkannt und kann nicht ernsthaft bezweifelt werden. (S.71)** Das Zweifeln haben wir sowieso längst aufgegeben.

Das ist **die nach unserer Überzeugung nicht fortzudiskutierende Situation... (S.109)** Traurig und leider wahr, denn es **wird aber erneut deutlich, daß eine Aussage darüber, was den Wesensgehalt der Grundrechte ausmacht, nur schwer möglich ist. (S.110)** Alles Schwere ist zu schwer für Walter. **Da nicht festgestellt werden kann, was generell die menschliche Würde ausmacht, kann von dort her also nicht allgemein darüber entschieden werden, ob die Züchtigung in der Schule die auch Kindern eigene Würde verletzt. (S.83)** Ist ja gut, Walter! **Allein diese Auffassung ist sachgerecht. (S.98)** Ganz ruhig bleiben! **Jede andere Auffassung ist eine nicht beweisbare Behauptung. (S.83)** Nicht schlagen, ich bin ja deiner Meinung!

Wir glauben, sicher sein zu dürfen, daß das Ergebnis unserer Arbeit und insbesondere unsere Argumentation anläßlich der Frage, was unter der Würde des Menschen zu verstehen ist, Widerspruch hervorrufen wird. (S.109) Ja, da hat Glaubensmensch Wallmann ausnahmsweise wirklich recht. Es gibt eine ganze Reihe von Leuten, die sich unter Menschenwürde ein bißchen mehr vorstellen können als Walli.

Zwar sagt Wallmann auch: **Es erscheint uns sehr bedenklich, daß diejenigen verfassungsrechtlichen Vorschriften, die vom Verfassungsgeber gegen eine Aushöhlung der Grundrechte durch staatliche Gewalt aufgerichtet wurden, mit allgemeinen Behauptungen beiseitegeräumt werden sollen. (S.17)** Wenn er aber selbst gleichzeitig genau dies tut, fallen ihm keine Bedenken ein. Ganz in der doppel-züngigen Tradition des prügelnden Paukers, dem gerechtfertigt die Hand ausrutscht, beruhigt er das dem Beobachter der modernen Zeit in Gesprächen im pädagogischen Familienkreis immer wieder genannte schlechte Gewissen, indem er sagt, **daß die körperliche Züchtigung grundsätzlich kein brauchbares Mittel ist, um auf junge Menschen in positiver Weise erzieherisch einzuwirken und sie zu Menschen zu erziehen, die sich in ihrem Handeln von den Geboten der Sittlichkeit und des Rechts leiten lassen. Dieses Ziel pädagogi-scher Anstrengung läßt sich vielmehr allein durch entsprechende Vorbilder, durch die persönliche Überzeugungskraft der Erzieher usw. erreichen. (S.100)** Vorbilder wie Walli? Da weiß man nicht, ob man nicht doch die Watsche vorzieht. Wir sehen: **Das Ergebnis ist gewiss enttäuschend. (S.82)**

Dr. Josef (Kardinal) Ratzinger

DAS ZITTERN DER ERREGUNG

Ratzinger, zur Zeit Woytilas Propagandachef im Vatikan, hat uns eine Dissertation über den Negerbekehrer Augustinus zu bieten. Richtig stellt er fest: **Eine Arbeit über den Kirchengedanken Augustinus' ist ein Wagnis. (S.VI)** Vor allem für den Leser. **Eine vollwertige Augustinusarbeit (S.VIII)** wäre schon schlimm genug. Aber gegen das Vorhandensein von Vollwertkost spricht, daß wir es in ihm mit einem blutigen Anfänger zu tun haben, **denn mehr noch als damals bin ich mir bewußt, mit welcher Hingebung große und kleine Geister in allen Ländern sich um die ragende Gestalt Augustinus mühen, sodaß dem Anfänger die Hoffnung, da noch Neues sagen zu können, wirklich sinken möchte. (S.VI)** Er möchte sinken, tut's aber leider nicht. Ratzinger reiht sich ein in die Linie der großen und – vor allem – der kleinen Geister. Mit seiner Antwort kann man vielerlei anfangen: **Die gefundene Antwort kann dann den systematischen Gesichtskreis weiten, die Systematik kann von hier Boden bieten zu erneutem, vertieftem Eindringen in den Gegenstand der historischen Forschung. (S.VI)** Ein Begriff mit mehreren Ursprungsorten und denen gemäß zerlegbar wird beim näheren Zusehen Ausgangspunkt eines Aufrollens: **Bei näherem Zusehen erwies sich dann bald der Volk-Gottes-Begriff als der Zentralbegriff, von dem her das Thema aufzurollen war. Er zerlegte sich seinerseits, seinen verschiedenen Ursprungsorten gemäß, in eine Reihe von Teilproblemen... (S.VII)** Worum es ging **war geistiges Geschehnis, das die inneren Tiefen**

Volk und Haus Gottes in Augustins Lehre von der Kirche
Theologie, München, 1953, von Josef Ratzinger (erregt hingezittert im Alter von 26 Jahren).
Umfang: 331 Seiten

Augustinus mit umgriff. (S.1) Für ihn heißt das: **Immerhin habe ich versucht, wenigstens die Hauptrichtungen in ihren Schlüsselwerken in Griff zu gewinnen... (S.VIII)** Immerhin!

ALS NEUE GEDANKENMASSE EINSTRÖMEN

Ehe wir den reifen Augustin um sein Sinnen über die Kirche befragen (S.2), wollen wir den noch grünen August um sein Sinnen über etwas ausforschen, nämlich **jene Wahrheit nach der (...) das ganze glühende Sehnen seines Herzens Auschau hielt. (S.2)** Wenn unser glühendes Sehnen genügend Ausschau hält, fällt uns Augusts unordentliches Bekenntnis-Notizbuch in die Hand: **Noch spüren wir das Zittern der Erregung in der Schilderung der ältesten Schrift nach der Bekehrung... (S.2)** War das Zittern der Erregung an der Krakelschrift schuld oder hat August sich noch nicht von seiner Sauklaue bekehren lassen? Wir haben erst ein paar langweilige Augustzeilen hinter uns, und schon wird's echt spannend: **Dann wendet er dem Wanderer gleich die Augen zurück auf die Religion der Kindheit. Und ohne daß er's wußte, riß sie ihn an sich. (S.2)** So kann's einem passieren, wenn man nicht aufpaßt. Ratzinger hat es nicht leicht. Seine **Schwierigkeiten sind: Das Nicht-Verstehen des Begriffes der geistigen Substanz (S.4/5)** - was man selbst nicht hat, ist bekanntlich besonders schwer zu verstehen – und **das vergebliche Ringen um ein Verständnis des Problems des Bösen. (S.5)** Dieser Ringkampf bewegt sich kreisförmig um die Weisheit. **Somit scheint die Weisheit, um die all sein Ringen und Kämpfen kreist, wirklich letzterdings dem philosophischen Bereich zuzugehören. (S.5)** Ratzingers tiefschürfende Schmonzetten sind es, **die nun als neue Gedankenmasse einströmen(S.46),** immer wieder jedoch **verschieden nach den verschiedenen Motiven, die hier zusammengeströmt sind. Drei Hauptrichtungen lassen sich unterscheiden (S.71),** in die es strömt und flutet, dieses unsägliche Wischiwaschi, **das insofern in ein philosophisches Problem zurückmündet... (S.5)** Das geht unserem Lieblingskardinal flüssig von der Hand, weil ein obskures Gefäß die diversen Flüssigkeiten trug. **Was wir auf begrifflichem Gebiet mehrmals erlebt haben, das Ineinanderströmen ganz verschiedener Inhalte dadurch, daß ein Wortgefäß sie trug, drohte hier im Raum der Realitäten in gefährlicher Weise: daß in das neue Gefäß der christlichen Religion alles das einströmte, was man aus der heidnischen Vergangenheit von Religion zu fordern gewöhnt war. (S.123)** Doch nicht genug mit diesen wenigen Ausflüssen: **Ein weiterer Ausfluß dieser Antithese ist, daß (S.145)** die **Versichtbarungskraft (S.145)** jetzt völlig im Eimer ist.

Wir haben es uns fast gedacht: **Natürlich ist der Hintergrund dieser Bilder wesentlich intellektualistisch. (S.9) Die Frage, die aber auch mit einer Wolke ähnlich lautender Stellen noch nicht entschieden wird, ist die (S.206/207):** Wie kann ein Mann mit einer derart superdanebenen[1] Ausdrucksweise eine Karriere machen wie Ratzinger? Wahrscheinlich ist es so: hier sind wir, die normale Masse der Sünder. **Rein und unberührt vom Hauch der wandelnden Zeiten thronen darüber die ewigen Urgestalten... (S.18) Brechen wir hier einstweilen ab, um uns dem zweiten Hintergrund zuzuwenden... (S.81)** In diesem Bild mit mehreren Hintergründen interessiert uns nur die **Abstrahlung der jenseitigen Ideenwelt. (S.16)** Daher einige Fangfragen: **Wenn die Heilstat Christi kein physisch- kosmisches Geschehen ist, was ist sie dann? (S.52) Die Frage ist also; Wenn das Böse kein real-Seiendes ist, was ist es dann? (S.52)** Ich persönlich tippe auf **Verdemütigung. (S.8)**

Für die beiden anderen Fragen müssen wir etwas weiter ausgreifen. (S.59) Greifen wir also weit aus. Es gibt bekanntlich **keinen anderen Weg zur Weisheit als den, in der Nachfolge des in unserer Fleischesniedrigkeit herabgestiegenen Gotteswortes in die Niedrigkeit des Glaubens einzugehen. (S.10)** Auch Ratzingers Worte scheinen hier knietief in die Fleischesniedrigkeit eingesunken zu sein. Ganz nebenbei erfindet er den Kreis mit Anfang und Ende: **Der Kreis schließt sich zurück zum Anfang, wenn wir hören, (S.58)** was Augustinus

---

1) »superdaneben« = besonders mißlungen. Absichtliche, illustrierende Stilblüte des Autors.

sagt: **Wenn es Weise« gibt, dann »wissen« sie auch etwas - nämlich die Weisheit, deren Besitz sie ja weise macht. (S.13/14)** Ob auch Ratzinger die Weisheit weiß? Begrenzte Zweifel sind sicher berechtigt, wenn wir hören: **Daß der Weise Wissen im Sinn echter Wahrheitseinsicht hat, ist gewiß. Das Problem ist: gibt es nun wirklich Menschen, die weise sind? (S.14)** Ein Blick in seine Doktorarbeit hätte Ratzingers Frage mit einem klaren Nein beantwortet.

Konzentrieren wir uns zwischendurch auf den mindestens dritten Hintergrund, die Erschütterungsforschung. **Freilich spürt man das scandalum fidei mehr als einmal nachzittern. (S.23)** Das war mindestens 4-5 auf der nach oben offenen Richterskala. Trotzdem ist im Osten nichts Erschütterndes zu spüren, kein Wunder für den kenntnisreichen Kardinal, **bei dem bekannt geringen Interesse des Ostens für praktisch-kirchliche Probleme. (S.47)** Nichts Gewisses weiß man nicht. Aber was ist überhaupt noch gewiß, **denn schließlich ist doch für uns die Höchstform von Gewißheit im Fall der Sichtbarkeit und Greifbarkeit des Gegenstandes gegeben, (S.33)** Doch die begreifbaren Probleme sind eben wie auf uns, die blöde Masse, zugeschnitten. Ratzinger zählt sich lieber zur Elite, aus gutem Grund: **schließlich hat die Menge bisher hauptsächlich nur das eine Anziehungsmoment für sich, daß man mit seinem Irrtum jedenfalls in großer Gesellschaft ist. (S.29)** So ist der arme Kardinal mit seinem Irrtum allein.

EINE ÄUSSERE HILFSTUGEND

Zum Unterschied zwischen Ratzinger und uns ein weiteres erleuchtendes Beispiel. Wenn wir, die irrende Masse, krank werden, nehmen wir Tabletten. Ratzinger vertraut da lieber auf **die Heilmittel in den heiligen Schriften. (S.39)** Heilpraktiker und – vor allem – Heilstheoretiker Ratzinger beleuchtet seine Heilskunde näher: **Es birgt sich hinter ihr eine Unterscheidung verschiedener Heilsordnungen gemäß den verschiedenen Heilszeiten. (S.57)** Auch etwas Spiritus kann dem genesenden Pfaffen nie schaden: **das Heil wirkt hier nicht unmittelbar am Leibe selbst, sondern nur mittelbar, durch Einsenkung des spiritus in ihn. (S.72)**

Wie unterscheiden sich nun Seelenkern und Zahlen? **Die Seele selbst ist demnach, zumindest ihrem eigentlichen Kern nach seinsmäßig von den idealen Zahlen nicht unterschieden... (S.41)** Wer erfahren will, wie unser Kardinal auf diesen Kalauer kommt, muß wohl **in das Geheimnis seines Findens tiefer hineinschauen. (S.43)** Mit einem klaren Begriff vom Seinsbegriff ist noch gar nichts gewonnen, **Denn auch der Seinsbegriff steckt hier noch in den Kinderschuhen. (S.52)** Da hat ihn der Nikolaus wohl als Geschenk für Ratzinger deponiert, und der findet nun seine Schuhe nicht wieder.

Von hier aus bestimmt sich der Begriff des Nichtseienden von selbst. (S.52/53) Nun werden einige Nörgler nach diesem Bonmot sagen, meine Versuche, Ratzingers Geseiche ins Verständliche zu übersetzen, seien mißlungen. 'Tschuldigung, aber **jede Übersetzung ist dazu verurteilt, den Glanz dieser leuchtenden Worte zu verschleiern. (S.24)** Wer seine leuchtenden Worte nicht mit ihrem eigentlichen, sondern sogar **ihrem eigentlichsten Inhalt nach (S.60)** kapieren will, sollte wissen: **Was hier geschieht, ist die Wiedereinsenkung des in der Sünde verlorenen Geistes... (S.66)** Ratzinger mag **durchseelt von allen Tugenden (S.64)** sein, aber eine **äußere Hilfstugend (S.39)** fehlt ihm: die Klarheit des Verstandes.

Doch seien wir nicht zu streng mit ihm. Auch die Kirche selbst gibt sich gern verwaschen: **Denn über diesem Innen der Kirche liegt der Schleier des Geheimnisses, gerade auch... (S.59)** Leider müssen wir nun feststellen: **Nur so weit führen uns die Texte. (S.64)** Den inneren **Sinngehalt der beiden Brotvorstellungen (S.68)** haben wir immer noch nicht geschnallt. **Wo also bleibt, was wir eben entwickelt haben? (S.63)** Wenigstens stellen wir beruhigt fest, daß es **gelungen ist, die beiden auseinanderstrebenden Glieder in eine bergende Einheit einzufangen... (S.70)** Die erfolgreiche Einfangung unserer Glieder begründet **unsere Gliedschaft (S.72)**, jene **Gemeinschaft ganz** neuer Artung... **(S.82)** (Wortspiele mit dem Begriff »Gliedschaft« muß ich mir aus juristisch verordneter Hochachtung vor der Religion der Menge, die sich in guter Gesellschaft fühlt, schenken).

UNSERE INNERE EVA

Tragender Eckstein des Beweises ist (S.52) folgende geistreiche Wandlung:**Was sich hier positiv aus dieser negativen Rückseite herausstellen läßt, ist dies, daß die Kirche Frau oder Braut ist, sofern sie Volk ist. (S.141)** Da kann man nur sagen: **Das ist klar. (S.141)** Weniger klar: **Die Kirche (...)ist Körperschaft und sie ist es doch nicht... (S.320)** Für Klarheit fehlte dem vielbeschäftigten Religionsliteraten wohl die Zeit: **Lediglich die terminologischen Vorbemerkungen zu Kap.9 wurden zum größten Teil neu erarbeitet - leider ebenfalls unter sehr beschränkten Zeitverhältnissen. (S.X)**

Was hat es nun mit dem Volk Gottes auf sich? **Das Volk-Sein des Volkes Gottes liegt auf einer gänzlich anderen Ebene als alle empirische Volkhaftigkeit. (S.318)** Is' also nix mit empirischer Volkhaftigkeit. Soll das heißen, daß das Volk unzählbar ist, oder was? **Das Volk Gottes ist selbst von einem Schleier des Empirischen überdeckt, der zwar unabtrennbar ist von ihm, aber keineswegs identisch ist mit seinem Wesen, sondern dieses lediglich »anzeigt« (signifiziert)... (S.318)** Der Schleier des Empirischen zeigt also das Wesen des Volkes an und ist obendrein unabtrennbar mit diesem seltsamen Wesen verbunden. Wirklich sehr schleierhaft. Die Kirche, auch nur ein Mensch, weil sie nämlich Volk ist und damit Braut und Frau, weiß sich vorteilhaft nach der neuesten Mode einzukleiden. Sie wählt das Magdgewand aus der Folkloreserie von C&A. Das steht ihr am besten, **dieser irdischen Kirche mit all ihrer oft so schmerzlich kleinen Menschlichkeit, mit ihrem Magdgewand, das allzu tief uns oft die köstlichen Schätze der Gottesherrlichkeit zu verhüllen scheint. (S.1/2)** Schleier schichtenweise, daraus besteht wohl das Magdgewand, das so köstliche Schätze trefflichst zu verhüllen weiß, nein, »scheint«. Untendrunter zeichnen sich nämlich dem Kenner aufregende Formen ab. Welche Schätze, was trägt die Kirche drunter? Jede Frau oder Braut hat ein süßes Geheimnis, so auch die **Kirche, welche seufzt auf die Stunde hin, da ihr göttlicher Bräutigam sie heimzuholen kommen wird. (S.27)**

Nicht, daß es am Ende der magdgewand-tragenden Kirche so geht wie Augustinus' Mutti Monnica nach längerer Schwangerschaft: **als Magd Gottes trägt sie immer noch als die leiblichen die geistlichen Geburtswehen...** (S.11) Wer erstmal geistliche Geburtswehen hat, dem nützen auch tränenreiche Blutsopfer nichts: **Von ihrem Herzblut ward durch ihre Tränen tagtäglich für ihn geopfert. (S.11)** Die Frau war schwerkrank, aber bei derart blutunterlaufenen Augen helfen auch die Heilmittel der Schrift nicht. Das das unser August-Baby verwirrt hat, na schön, aber daß selbst Ratzinger im Erwachsenenalter diese seltsame Mutter-Story glaubt... **Seine Mutter wurde ihm wirklich auch zur wiedergebärenden Mutter Kirche und gehörte ihm so in zweifacher Mutterschaft zu. (S.11)** Das hat Ratzinger allen Ernstes aufgeschrieben! **Damit steht ein zweites Mal die Mutter auf seinem Bekehrungsweg. (S.8) Wir sehen damit (um dies hier anzumerken) den Mutterschaftsgedanken Augustins auf seiner dritten Ebene. (S.285)** In zweifacher Mutterschaft gehört sie ihm schon zu, aber nun setzt Ratzinger noch einen drauf!

Ist die Mutter nun eine andere Wirklichkeit über den Brüdern oder besteht sie eben in der Einheit der Brüder? Hier wird uns zunächst keine klare Antwort. (S.84) Aber er zieht wenigstens ernstlich in Erwägung, daß Brüder, wenn sie sich einig genug sind, Mutter sein können. Wir müssen noch ein wenig weitergrübeln, **während es der Frau zufällt, Ja zu sagen. (S.111)** So einfach macht es es sich eben **das unwissende Weibervolk... (S.31)** Wir Männer stellen fest: **Unsere innere Eva ist unser Fleisch. (S.215)** Eva, nein, nicht die aus dem Paradies, eine neue, hat einen ziemlich festen Freund: **Christus ist als das Haupt und als der Geist der neue Adam, der Bräutigam und Gatte, wie die christusgeeinte Menschheit als der Leib die neue**

Eva ist, das Weib die Braut und die Gemahlin. (S.216) Das heißt dann wohl auch, daß die Menschheit eine Frau und unser Fleisch ist. **Zugleich ist damit der eigentliche Sitz des Brautgedankens aufgezeigt. (S.216)** Der Schalk sitzt im Nacken, aber wo der Brautgedanke sitzt, haben wir noch nicht rauskriegen können.

Wo sich zwei prüde Katholiker vorehelich miteinander einen, ist weit und breit kein Schmutz zu sehen, allein die Nächstenliebe (= caritas). **In ihr** (der caritas, d.V.) **wird sie** (grammatikalisch gesehen also die caritas, wahrscheinlich ist aber die Braut gemeint, oder habe ich nur verpennt, daß beides wieder mal dasselbe ist?) **mit ihrem Bräutigam Christus ein Geist wie der Unzüchtige im Ja zur cupiditas** (= Begierde, Geilheit) **ein Fleisch wird mit der Hure. (S.216)**

WEISHEIT, DIE GEGESSEN WIRD

Wer die Sache mit der Substanz des Geistes schnallt, dem sei garantiert, daß **das ihm zur Schau des göttlichen Lichtes selbst, zum Genuß der göttlichen Speise wird. (S.5)** Diese Götterspeise wollen wir uns nun genauer vornehmen: **Christus ist die fleischgewordene Weisheit... (S.9)** Weisheit kann man bekanntlich nicht erst seit Ratzinger mit Löffeln essen. Aber was hat Dr. Oetker damit zu tun? Augustinus, hochempfindlicher Sohn der doppeltgebährenden Mutter, hat einen schwachen Magen und muß seinen geistigen Wackelpudding (Die Braut? Die Magd? Der Schleier?) mit Fleisch vermischen, um ihn runterwürgen zu können. Das ist nämlich die **entscheidende Lösung seiner Probleme: Die »Speise« Gott in ihrer reinen Gestalt kann Augustin in seiner Schwachheit nicht ertragen, deshalb vermischt sich das göttliche Wort selbst mit Fleisch, damit der Mensch es genießen kann. (S.9)** Gott verwandelt sich dabei z.B. in so eine Art Kellner und gönnt uns in der Kirche eine unsichtbare Schonkost. **In sichtbaren Gestalten gibt uns Gott in der Kirche das Unsichtbare zu essen und führt uns so immer mehr auf das Unsicht-**

bare hin, bis wir ihm schließlich unmittelbar gewachsen sind. (S.9) Was kommt Leckeres auf den Tisch? **Es ist die Lehre der Weisheit, die gegessen wird... (S.9)** Ein Gutteil der Kirchenprofis scheint sich Gottes behutsamem Diätplan so rigoros verschlossen zu haben wie weiland der legendäre Zappelphillipp.

Die menschliche Unheilslage (S.10) war die notwendige Folge. Ob man Menschenfleisch überhaupt essen darf, ist umstritten. Ratzinger sagt: **das Menschenfleisch, das Christus selbst getragen, kann keine schlechthin seinshaft böse Macht sein. (S.52)** Das kommt aber ganz auf dessen Beschaffung an. **Bei den Platonikern geschah sie im Zug des kosmischen Aufstiegs als eine seinsmäßige Umgestaltung des Menschen, als eine Abstreifung der minderwertigen Seinsschichten, die ihm anhafteten... (S.226)** Doch die Abstreifung minderer Fleischesschichten war letztlich doch nicht so überzeugend. **Nicht durch die Abstreifung des Fleisches wird der Geist gereinigt, sondern umgekehrt. (S.227)** Durch die Abstreifung des Geistes wird so das Fleisch gereinigt. Der Geistlose ist immer sauber, fleischlich gesehen. **Christus ist es also, der den Menschen reinigt (S.228)**, neben Wasser und CD. **Die Reinigung des Christen ist kein intellektueller Vorgang (S.232)**, wäre sie das, würde man den guten Katholiken schon von weither am Geruch erkennen.

Erstaunlich, welche kleinen Kunststückchen unter Christen immer wieder vorkommen, z.B. das, **den Finger auf die noch bevorstehende, reale Auferweckung des Fleischleibes zu legen. (S.85)** Die Überlegenheit des Christen ist bewiesen: Kein Heide könnte jemals seine Finger auf die Auferweckung legen.

Zum Wecken, Horrormoment der arbeitenden Masse, die sich in ihrem Irrtum wenigstens in guter Gesellschaft weiß, müssen wir mal anmerken: **Nicht nur ein erster Weckruf liegt darin, sondern es kommt ihm eine innere Bedeutung zu in dem Aufstehen und Weitergehen, das dem Wecken folgt. (S.25)** Hier hätte Ratzinger noch Berufsverkehr und Stechuhr erwähnen sollen. Auf die innere Bedeutung kommt es nicht nur beim Weck-, sondern auch beim Vaterruf

29

an: **den Söhnen ist der Vaterruf wie die Sohnschaft selbst gegeben.** **(S.99)** Sohnschaft ist das mindeste, das verlangt werden kann, **denn wer zu Gott Vater sagen kann, muß selbst Sohn sein(S.99)**, es sei denn, er wäre zufällig Tochter. Zugegeben, **auch in dieser Darstellung kann von Vollständigkeit natürlich keine Rede sein.** **(S.86)** Ratzinger braucht **einen gewissen inneren Grund für das anders gelagerte Bedeutungsgewicht (S.89)** der Sohnschaft, aber der **folgert sich von selbst (S.92)**, schon aufgrund der **Heilsökonomie (S.92)**.

Geschafft! **Damit war der Punkt gewonnen, an dem die Einheit der getrennten Kirchen sichtbar gemacht werden konnte... (S.108)** So klingt der Punktgewinn poetischer ausgedrückt: **letztere wiederum ist nichts anderes als die zeithafte Auseinanderfaltung des in ihm Einbeschlossenen. (S.100)** Wo diese Stilblüte, die **eine leicht pneumatologische Färbung zeigt (S.101)... ihre Sichtbarkeit hat (S.106)**, weiß neben Ratzinger das Jesuskind allein. **Aber er zeigt sogleich auf, wie diese unsere Hineinnahme in Christus sich entfaltet und wirksam wird in der Hineinnahme Christi in uns. (S.201)** Gütiger Gott, geht das schon wieder los!?

EIN GESAMT VON PERSONEN

Ich glaube, dieser eine Satz drückt das Gemeinte deutlicher aus als umständliche Erläuterungen es könnten. (S.261) Jetzt bitte nicht fluchen. Bemühen wir uns nun, **aus Augustin ein möglichst positives Verständnis des Staates herauszuschälen. (S.279)** Der Fleischesschleier der Brautmagd hält der Herausschälung des positiven Staatsverständnisses nicht stand. Man denke an seinen empfindlichen Magen. Und **man bedenke, was es heißt, daß ein Gesamt von Personen nun als eine Wesenswirklichkeit gilt! (S.152)** Da kann das Gesamt der Schwerkraft schon mal auf Urlaub geschickt werden: **Nun gibt es zweierlei Schwergewicht: Eines, das die Richtung nach unten, und eines, das diejenige nach oben hat. (S.251)** Man sollte halt seinen Augen nicht trauen, sondern lieber Ratzingers Unfehlbarkeit.

Alle gegenwärtige Sichtbarkeit geht also doch in keiner letztgültigen Weise in die eigentliche Wirklichkeit des Gottestempels ein. (S.247) Im Schenken des Almosens (...)vollzieht sich (...) das Hindurchtreten durch den Schleier vor das Antlitz des Vaters. (S.203) und die Wirklichlichkeit des Gottestempels ist grausam. Irgendwo steht sogar ein lebendiger Altar herum: **Die Armen sind der lebendige Altar des neutestamentlichen Opfers, erbaut aus den Gliedern Jesu Christi. (S.203)** Es wird wiedermal alles auf dem Rücken der Armen ausgetragen. Auf dem Altar aus Christusgliedern werden vom Volk allerlei Kulthandlungen begangen, **dabei wird das Volk als Kult-Volk verstanden, d.h. die Kirche ist Volk, sofern sie Opfer ist. (S.295)** Momentchen, Freunde, eben war sie noch Braut und Frau, weil Volk, jetzt soll sie Opfer sein? Steht schon wieder Menschenfleisch auf dem Speiseplan? Der Sprung vom Kult-Volk zum Kulturvolk liegt jedenfalls noch jenseits jeder Vorstellung.

Der Altar allerdings ist wunderbar. **Wunderbar ist der Altar hier wiederum, weil er Stein zwar ist seiner Natur nach, heilig aber wird, wenn er den Leib Christi empfängt, jener aber, weil er selbst Leib Christi ist. (S.203)** Zweimal gelesen, noch nicht verstanden? Dann laßt uns zündeln: **Das Feuer, das die Opfergabe in den Besitz der Gottheit überführt, ist die von oben kommende caritas, der Altar, auf dem sich dies ereignet, unser Herz. (S.214/215)** Komm schon, Ratzinger, jetzt bindest du uns wirklich einen Bären auf den Altar. Was ist der Altar denn nun wirklich? Stein, unser Herz, Penner und Asoziale, Körperteile des Heilands, oder was sonst noch? Und stimmt es etwa, daß **wir selbst das Haus sind, seine lebendigen Steine, aus denen es sich auferbaut (S.91)**, in Selbstmontage? Solche Behauptungen mögen **eine große Kirchenbaufreudigkeit erkennen lassen. (S.169)** Aber was ist wirklich Sache mit dem Haus? **Die Gotteswelt im Oben des Himmels wird als Haus Gottes bezeichnet (S.238).**

Einen neuen Zeltstoff beschreibt Ratzinger, wenn er auf Kirchen zu sprechen kommt: **Gott hat auf Erden sein Zelt aufgeschlagen. (S.238)** Gipfelstürmer Reinhold Messner könnte mit so einem klobigen Zelt allerdings wenig anfangen. **Dieses Zelt schenkt eine vorläufige Form des Einsseins mit Gott und führt dann über sich hinaus zum Haus. Wie die Kirche im Großen, so ist für den einzelnen der Leib das Zelt, das ihn die Vorläufigkeit seines Zustandes inne werden läßt (S.238).** Und dann findet Ratzinger heraus, daß der menschliche Körper eindeutigen Kriegscharakter aufweist. **Zweierlei ist kennzeichnend für das Zelt im Gegensatz zum Haus: 1. Der Kriegscharakter. 2. Der Vorläufigkeitscharakter. (S.238/239)** Ob Zelt oder Haus, früher mußten die Leute Gott als Untermieter dulden. **Damals war die Einwohnung Gottes aufgefaßt als jenes rein geistiginnerliche Zueinander, das den gereinigten Geist mit Gott verbindet. (S.242)** Das Zelt Gottes besteht aus Steinen, jeder Stein ist wir, jeder Stein ist ein Zelt-chen. **Gerade durch unseren Leib sind wir Steine am neuen Tempel Gottes...** **(S.244)** Diese Erkenntnis hat Kriegs- und Vorläufigkeitscharakter und wird ein eingehenderes Nachdenken kaum überleben. Denn schließlich: **Nicht das Haus-Sein der Kirche ist das, was eigentlich gesagt werden will, sondern ihr Volk-Sein wird näher geklärt. (S.253)** Auch das Sichtbare ist doch sehr zeltartig, wie Ratzingers Geschwafel belegt. **Es enthüllt nicht mehr nur den Vorläufigkeitscharakter alles Sichtbaren, es stellt ebenso den Durchstoß über die zeitliche Begrenzung der Sichtbarkeitsordnung in die Zeitlosigkeit des Wesenhaften dar. (S.300)** In der Tat, **die eben aufgestellte Behauptung klingt sicher ungewohnt, vielleicht überholt. (S.276)** In die Zeitlosigkeit des Wesenhaften hinein wird also durchgestoßen. Was aber durchstoßen wird, verrät uns niemand, nur, daß der Durchstoß »über« die zeitliche Begrenzung des Wesenhaften stattfindet. Schmerz, laß nach! So ist es wohl unser Ratzinger, **der fragend an die noch verschlossenen Tore der Weisheit pocht (S.129)**, jene Türen, die vielleicht eßbar sind. Wer weiß, außer den Weisen, die die Weißheit wissen, weil sie Braut und Zelt sind, aufgestellt im dritten Hintergrund und umgriffen von Schleiern des Doppelgebärens kultischer Zeltaltäre aus Zelten und uns, den Steinen. Ist doch ganz klar. **Um so eindringlicher stellt sich die Frage: Wozu dies alles? (S.23)**

DIE VORVERGEGENWÄRTIGUNG DES HERZENSAUFSTIEGES

An diesem Punkt (S.183) liegen Mitte, Wurzel und Herz. **Dieser Mitte müssen wir nun noch näher nachspüren. (S.59) Denn: Hier sind wir am Herzpunkt... (S.56)** Erstmal müssen wir uns Eintritt verschaffen. **Der Zugang dazu ist freilich sehr schwierig. (S.59)** Griff in die Trickkiste: **Am leichtesten öffnet er sich von der Außenseite (S.59).** Schon sind wir am **Wurzelpunkt (S.73). Seine erste Wurzelung liegt im konkret-Kultischen (S.73),** die zweite Wurzelung würden wir sicher nicht mehr ertragen. Herr, steh mir bei! Doch hilft hier überhaupt das simple Stoßgebet, brauchen wir nicht eine raffiniertere Gebetssorte? **Das Christengebet hat demnach seine innere Mitte im Christusgebet, ist dessen Auseinanderfaltung in die Geschichte hinein. (S.100)** Die Auseinanderfaltung in die Geschichte hinein ist allerdings ein Problem, das **vorläufig noch klaffend offen steht. (S.34) In diese Denkwelt hinein fällt also die Frage nach dem Ort des Bösen in der Wirklichkeit. (S.53)** Wieder reingefallen, diesmal in die Denkweise hinein. Nein, **die Kirche ist vielmehr der pneumatische Christus. (S.83)**

Es wäre beleuchtend (S.86), wenn wir uns nun an einem Strohhalm festhalten könnten, doch **was wir vielmehr bei ihm finden, ist ein höchst beleuchtendes Stück des mühsamen Weges zu diesem Begriff... (S.52)** Womit wir mitten in den Beleuchtungseffekten wären. **Damit können wir uns nun der polemischen Abschattung zuwenden, die in diesen Vorstellungen mitschwingt... (S.56)** Also eine Abschattung schwingt mit. Die Lichtquelle wird in Sinndinge eingewickelt, weil unsere verpennten Augen sonst überreizt würden, und weil Gott keinen Dimmer besitzt. **Indem er das Licht Gottes in unsere Sinnendinge hineinhüllt, bereitet er uns langsam, dies Licht immer unverhüllter und reiner zu schauen, macht er doch so mählich unsere schlaftrunkenen Augen kräftig und hell für die Helle Gottes. (S.25)** Nun bitte einen Spot auf diese Behauptung: **Auf diese Behauptung fällt Licht, wenn wir (S.61)** das Lämpchen auf sie richten, das neue bezeichnende Lichter für unsere Behauptungen bietet. (S.92) Dieser zunächst noch in der Einheit eines dialektischen Widerspiels geborgene Widerspruch vertieft sich schließlich zu einem echten Widerspruch. (S.73)

Wenden wir uns nun der **aktual-dynamischen Sündenauffassung** (S.53) zu und damit dem modischen Schick, ohne uns durch die **Unreinigkeitserklärung des Leibes (S.54)** beirren zu lassen. **Das Gewand des Heils (S.54)** ist unscheinbar und aus billigem Begriffstextil gewirkt. **Hinter diesem unscheinbaren Begriffsgewand birgt sich (S.54)** jedoch noch mancherlei Feinheit. **Denn wenn die Erbsünde eine Überkleidung der ursprünglich reinen Gottesherrlichkeit darstellt, dann erwarten wir doch von ihrer Tilgung nichts anderes als die Lösung des Sündenbelages. (S.54)** Doch so einfach läßt sich ein hartnäckiger Sündenbelag auch bei 90-f8- nicht wegwaschen. Persil oder Dash? **Zunächst aber müssen wir die Frage aufwerfen: Was haben wir uns denn eigentlich unter diesem Christusgewand vorzustellen? (S.55)**

Hier ist eine Doppelebene der Christusleibschaft ausgesagt. (S.204) Was das ist? **Der Doppelung letzterer entsprechend handelt es sich um ein doppeltes...** (S.69) Du willst eine Verdreifachung? **Verliere dich nur nicht in das Allzuviele hinein. (S.229)** Ein letztes Mal beben die Glieder der Hure auf. **Vor allem läßt sich von hier aus die Scheingliedschaft der Bösen besser sichtbar machen, die ja als Glieder der Hure am Leib des Herrn keinen Teil haben. (S.326)** Diese letzte **Vergleichung (S.148)** zeigt: **wie ernst nimmt er den Realismus der Kollektivmenschwerdung... (S.207) Zusammenfassend können wir nun endgültig sagen (S.217): Das Ziel, das dem Menschen gesteckt ist, ist dies, ein Engel zu werden. (S.231) Die Art und Weise, wie sich die Vorvergegenwärtigung des Herzensaufstieges der Christen im corpus-Christi-Geheimnis vollzieht, läßt sich noch näher verdeutlichen. (S.234)**

WIR MEINEN DIE HELDEN

Doch noch sind wir nicht am Ende dieser schlimmen Arbeit: **Es handelt sich auch erst um eine Vorverdammung. (S.283)** Mit einem kleinen Ausflug nach oben soll's weitergehen, wohin wir Engel in spe entfliegen wollen, ein wenig Götterspeise als Marschzehrung im Tornister. Der Himmel ist schon erstaunlich dicht bevölkert, von Gott, anderen Göttern, Engeln und allerlei sonstigem Gekreuche. **Unter den Göttern sind jene Wesen zu verstehen, die den Luftraum und den Äther bewohnen. (S.194)** Doch nicht nur Götter haben sich unter Mißachtung internationaler Abkommen im Luftraum breitgemacht. Auch ihre Kollegen, **die Dämonen haben gegenwärtig ihren Sitz im Lufthimmel, d.h. immer noch in einer Erhöhung, die ihrem wahren Rang keineswegs entspricht. (S.283)** Das **reißt zugleich eine kosmische Lücke auf (S.192)**, so eine Art kosmischer Wohnungsnot. **Laßt Euch nur nicht verwirren. (S.203)** Engel sind abgebrüht, und **das Ziel des Menschen ist es ja, daß er ein Engel werde. (S.283)**

Wir haben es schon bemerkt: Ratzinger lebt, wie alle Ignoranten, in einem privaten Reich des Idealen, wo alles so ist, wie er es sich schon imer gewünscht hat, **d.h.: Es gibt im Reich des Idealen naturgemäß keine Unterscheidung von Ideal- und Realwahrheit, sondern was ideal ist, ist eben höchst wirklich. (S.41)** Was ist davon zu halten? **Die vorgelegten Texte selbst sprechen so laut (S.43)**, daß weiterer Kommentar überflüssig ist.

Manchmal steigt selbst ein neunmalkluger Kardinal durch seinen eigenen Wust nicht mehr durch: **Er kann das Verständnis nicht fortwährend gegenwärtig halten. Lediglich bleibt ihm die Erinnerung, einmal verstanden zu haben. (S.9)** Oder eben die Illusion, einmal verstanden zu haben. Andererseits: **Was einer dabei glaubt oder denkt, ist vollständig gleichgültig. (S.219)** Auch wer schief gewickelt ist, kann im Vergleich mit anderen Idioten gut abschneiden. **Die grundsätzliche Verkehrtheit schließt ein relatives Gutsein nicht aus. (S.286)**

Immerhin, und alle Achtung: seinen Doktortitel hat unser Bruder Ratzinger, ein vernünftiges Einkommen wohl auch.

Halleluja, endlich ist **unser Rundgang durch diesen Teil von Augustinus Theologie zu Ende.** (S.183) Eine traurige Feststellung zum Schluß: **freilich läßt sich ein Umbruch von einem lokal-kosmischen zu einem intellektual-unkosmischen Denken feststellen, der schon deutlich das Wehen einer neuen Zeit verkündet.** (S.236) Das Wehen einer neuen Zeit im Wind der Jahrhunderte – das soll wohl meinen: Immer mehr Menschen glauben immer weniger an unbefleckte Empfängnis und Unfehlbarkeit irgendwelcher Vizegötter. **Wir meinen die Heiden. (S.81)**

Dr. Hans-Jochen Vogel

IRRTÜMLICH FÜR SCHWANGER GEHALTEN

B nimmt bei seiner Geliebten, die er irrtümlich für schwanger hält, einen Eingriff vor, um den Abgang der Frucht herbeizuführen. (S.7) Was soll das denn bitte? **Das ist in großen Zügen das Problem, mit dem sich die vorliegende Arbeit beschäftigt. (S.8)** Hatte B denn Tomaten auf den Augen oder sonst eine Frucht ? **Bei objektiven Deliktsumständen ist praktisch nur eine Ursache für die Entstehung von Irrtümern, also nur eine Fehlerquelle vorhanden; nämlich die Möglichkeit, daß dem Täter bei der sinnlichen Wahrnehmung der Tatsache, die dem betreffenden Deliktsumstand entspricht, ein Versehen unterläuft. Er hält zum Beispiel, um beim Ver»sehen« zu bleiben, einen Menschen für einen Rehbock. (S.33)** Muß unser bemitleidenswerter B, der den Biounterricht so konsequent geschwänzt hat, daß er nicht mal über ein bestimmtes Grundwissen in Rehbock- und Schwangerschaftsbeurteilung verfügt, nun in den Knast, nur weil er seiner Freundin solange vorgeflunkert hat, er wäre der Amtsarzt vom Gesundheitsamt, bis er es selbst glaubte? Manche **Autoren behaupten, daß der Täter straflos bleiben müsse, der sich irrig eine besondere Täterqualität, beispielsweise die Beamteneigenschaft beilege und deshalb glaube, ein echtes Beamtendelikt zu begehen. (S.55/56)** Seine Geliebte jedenfalls glaubte ihm die Amtlichkeit. **Zwar hat der Glaube an die unbedingte Korrektheit der Beamtenschaft grade in den letzten Jahren erhebliche Einbußen erlitten. Aber die große**

»Der Irrtum des Täters über die Rechtmäßigkeit der Amtsausübung in § 113 StGB und die Zuständigkeit der Behörde in § 156 StGB« Inaugural-Dissertation zur Erlangung der Doktorwürde der Juristischen Fakultät der Ludwig-Maximilian-Universität zu München, vorgelegt von Hans-Jochen Vogel, Referendar in München, 1950 (kurzsichtig und mit Zeigefinger im Alter von 24 Jahren). Umfang: 77 Seiten

Mehrheit der Bevölkerung ist auch heute noch der Meinung, die Beamtenschaft kenne die einschlägigen Vorschriften und wisse sie auch richtig anzuwenden, handle also im allgemeinen rechtmäßig. (S.39)

Doch Vorsicht: Mit dieser Feststellung ist uns aber noch nicht gedient. (S.27) Was tun? Wir müssen also weiter untersuchen, ob vielleicht eine der aufgezeigten Fehlerquellen bei den in Rede stehenden Deliktsumständen infolge deren besonderer Eigenart eine gesteigerte Wirksamkeit äußert. (S.34) Erstmal also zum Sachverständigen und diesen Satz übersetzen lassen. Dann nochmal Frucht und Freundin auf gesteigerte Wirksamkeitsäußerungen absuchen. Man könnte wohl sagen, die Schwierigkeiten sind doch größer, weil der Täter nicht wisse, welche Tatsachen wesentlich sind. Damit ist man aber schon bei der zweiten Fehlerquelle; denn nur der Bewertungsmaßstab ergibt, auf welche Tatsachen es ankommt. (S.34) Und wir sagten schon, daß dieser Maßstab dem gesetzlichen in einer weniger abstrakten, den wirklichen Lebensvorgängen näheren Ebene parallel läuft. (S.35) Eine dritte Ansicht (. . .) hat weder in der Praxis noch in der Theorie Fuß fassen können . . . (S.12)

LEICHTFERTIG ZU SCHWERES UNTERNOMMEN

Ein anderer schöner Fall: Der Jäger A schießt im Wald auf einen Holzfäller, den er in der Dämmerung für einen Rehbock gehalten hat. (S.7) Pech, der Holzfäller war nämlich Beamter auf Lebenszeit. Man könnte meinen, der Täter werde sich bei dieser Sachlage davon beeinflussen lassen, daß ihm ein Beamter gegenübersteht. (S.38) Doch der Täter glaubt ja erstmal, einen Bock geschossen zu haben, keinen Bürohengst. Der Täter selbst braucht eine solche Zwischenwertung des Angriffsobjektes usw. nicht unbedingt vorzunehmen. (S.68). Außerdem hatte der Jäger auch nicht die Zeit zum überlegen, wäre ihm doch eine Trophäe durch die Lappen gegangen. **Er wird in dem entscheidenden Moment von der Vorstellung beherrscht sein, daß ihm eine empfindliche Schmälerung seiner Rechtspostion unmittelbar droht. (S.39)** Nicht ohne Folgen: **Die Vorstellung eines Verlustes ruft aber in jedem Menschen Unlustgefühle und, wenn dieser Verlust von einem anderen Menschen vorsätzlich herbeigeführt wird, auch den Gedanken hervor, das dürfe nicht sein, das sei Unrecht. Für den Betroffenen verkörpert sich dieses Unrecht aber in der Person des Beamten. (S.39)**, der gleichzeitig Rehbock ist. **Das ist der übliche Inhalt des Fahrlässigkeitsvorwurfes wie er zum Beispiel in Beispiel 2 Seite 1 den A trifft: Hättest Du aufgepaßt, dann hättest Du erkannt, daß Du keinen Rehbock sondern einen Menschen vor Dir hast! (S.44)** Das war zum Beispiel als Beispiel ein Fall, der **nicht eindeutiger sein könnte, als er tatsächlich ist. (S.58)** Wie beurteilt zum Beispiel der schlichte Bürger ein so kniffliges Beispiel aus dem Stegreif? **An die Stelle der durch Abstraktion gewonnenen gesetzlichen Kriterien werden konkrete Anhaltspunkte treten, zum Beispiel Erinnerungen an ähnliche Fälle. (S.35)**

Wie werden die strapazierten Rechtsvorschriften vom gemeinen Mann aufgenommen? **Das wird davon abhängen, ob die Bevölkerung mit den fraglichen Vorschriften häufiger in Berührung kommt oder ob ihr Anwendungsgebiet der großen Masse der Bevölkerung fern liegt. (S.27)** Ungewollte Schwangerschaften sind üblicher als verwechselte Böcke. Das hat Hobby-Abtreiber B zu kurzsichtig betrachtet. Schon trifft ihn **derselbe Vorwurf, den sich ein kurzsichtiger Jäger machen lassen muß, wenn er einen Menschen infolge seiner Kurzsichtigkeit mit einem Wild verwechselt und erschießt. (S.45)** Denn **sowohl der Kurzsichtige als auch der mit den Vorschriften Unbekannte haben leichtfertig zu Schweres unternommen. (S.45)** Hier enttäuscht Vogel die Fans seiner Haarspalterei, übersieht er doch den Unterfall des sich irrtümlich für normalsichtig haltenden kurzsichtigen Jägers, der die Vorschriften nicht lesen kann, weil sie zu klein geschrieben sind.

Es bleibt also nur die zweite Fehlerquelle. Und wir werden sehen,

daß sie sich in der Tat bei den hier interessierenden Deliktsumständen vermöge deren Sondercharakter besonders nachdrücklich auswirkt. (S.34) Wohl nicht zuletzt vermöge deren Sondercharakters fehlt es dem Durchschnittsbürger regelmäßig an der verstandesmäßigen Vertrautheit (S.30) mit den Vorschriften. B war für die Abtreibung weder verstandesmäßig vertraut noch zuständig. Natürlich bestehen im Einzelfall auch ganz verschiedene Meinungen darüber, welche Förmlichkeiten wesentlich und welche unwesentlich sind. (S.30) Hinzu kommt aber, daß diese Vorschriften alles weniger als klar und eindeutig sind. (S.29) Weiterhin handelt es sich bei den meisten dieser Vorschriften um solche, die ihren Ursprung Erwägungen der Zweckmäßigkeit und der Rechtssicherheit verdanken und deren ethischer Gehalt daher gering ist. (S.30) Aber mit Ethik kommt man sowieso nicht weit.

ÜBER UNZUSTÄNDIGKEIT BELEHRT

Hans-Jochen zeigt Verständnis: **Man kann dem Täter nämlich nicht vorhalten: Bei Anwendung der notwendigen Sorgfalt hättest Du die Rechtmäßigkeit der Amtsausübung richtig beurteilen können. (S.44)** Da würde man es sich mit den rechtsnormativen Deliktsumständen ein wenig zu leicht machen. **Denn die Eigenschaft, rechtsnormative Deliktsumstände zu sein, teilen die hier in Rede stehenden Deliktsumstände mit einer großen Anzahl von anderen Deliktsumständen. (S.27) Innerhalb der normativen Deliktsumstände unterscheidet man weiter Deliktsumstände mit kultureller, rechtlicher oder anderer Bewertung, je nachdem, welchem Bereich die maßgebende Bewertungsskala angehört. (S.26) So kann man die einschlägigen Rechtssätze und dementsprechend die rechtnormativen Deliktsumstände danach in zwei Gruppen einteilen, ob der Durchschnitt der Bevölkerung mit ihrer Handhabung rein verstandesmäßig mehr oder weniger vertraut ist (S.27)** und gleich **noch weitere Untergruppen bilden...** **(S.27) Die Deliktsumstände der Rechtmäßigkeit der Amtsausübung** und der Zuständigkeit der Behörde gehören bei beiden Gruppierungen jeweils zur 2.Untergruppe. (S.28) So werden Deliktsumstände derart abgegrenzt, daß sie praktisch eine isolierte Sondergruppe bilden. (S.31) Nur wenn über die Zuteilung eines Deliktsumstandes zu der einen oder der anderen Gruppe nach dem Wortlaut des Gesetzes Zweifel obwalten, kann man die Auslegung wählen, das heißt selbst die Bewertung vornehmen, die das Schuldprinzip erheischt. (S.58) Und das war erst der Anfang, erschöpfend werden wir die Frage erst am Ende dieses Abschnitts beantworten können. Immerhin müssen wir schon an dieser Stelle den Versuch unternehmen, den bestehenden Zusammenhang wenigstens rein äußerlich zu erklären... (S.24), um auch uns damit verstandesmäßig vertraut zu machen.

Sowas zu verklickern, haut selten hin. Es fehlte also den für das Zustandekommen des Gesetzes maßgebenden Personen die Erfahrung... (S.47) Ein klarer Fall für unseren Lieblingsoberlehrer Dr. Vogel, seinerzeit Referendar und somit amtlicher Grünschnabel, von dem die betreffenden Behörden also in drastischer Weise über ihre Unzuständigkeit belehrt werden. (S.22) Wer soll das übernehmen? Ich, Hans-Jochen Vogel... (S.77)!

Es geht um den Täter, der eine falsche eidesstattliche Versicherung abgibt, aber bei einer nichtzuständigen Behörde. Sollte er trotzdem verknackt werden? Hans-Jochen analysiert messerscharf, daß sich die schuldlos Irrenden kaum durch die Strafdrohung abschrecken (lassen), da sie ja fest davon überzeugt sind, daß ihr Verhalten gar nicht unter die Strafdrohung fällt. (S.72)

Und es sei ihm in diesem Zusammenhang gestattet, (...) den Gesichtspunkt noch einmal herauszustellen, der uns von allgemeiner Bedeutung zu sein scheint. Und das ist der Zusammenhang zwischen der besonderen Eigenart der hier in Rede stehenden Deliktsumstände einerseits und dem Inhalt der subjektiven Beziehungen des Täters zu diesem Deliktsumständen und den daraus resultierenden Folgen andererseits. (S.76) Die große praktische Tragweite dieser Auffassung liegt auf der Hand. (S.63) Dabei scheint uns allerdings eine Erläuterung notwendig zu sein (S.67): Wir übernehmen (...) die **weitgehend anerkannte Ansicht, daß der Vorsatz des Täters hinsichtlich eines normativen Deliktsumstandes dann gegeben ist, wenn der Täter seine konkrete Handlung in derselben Richtung und in demselben Maße qualifiziert hat, in der das Gesetz die in der Deliktsbeschreibung wiedergegebene abstrakte Handlung durch die Verwendung des normativen Deliktsumstandes qualifiziert, das heißt mit anderen Worten, wenn der Täter die Bedeutung kennt, die das Gesetz dem betreffenden Deliktsumstand beimißt.** (S.67) Nach **mathematisch-statistischen Grundsätzen müßte sich nun die Zahl der Fälle, in denen der Täter irrtümlich die Rechtmäßigkeit der Amtsausübung oder die Zuständigkeit der Behörde verneint (negativer Irrtum) und die Zahl der Fälle, in denen er fälschlich die Rechtmäßigkeit oder die Zuständigkeit bejaht (positiver Irrtum) einigermaßen die Waage halten. Das ist aber durchaus nicht der Fall.** (S.37) Wir befinden uns wohl schon reichlich tief in der **Lehre vom Allgemeinen Teil des Besonderen Teils.** (S.26)

Der Schädel qualmt. Wen man eidesstattlich belügen darf ist Zuständigkeitssache. **Ob aber im Einzelfall ein solches staatliches Recht auf Wahrheit existiert oder nicht, das hängt von der Zuständigkeit der Aussage begehrenden beziehungsweise entgegennehmenden Behörde ab.** (S.58/59) Hans-Jochen hat uns schon **gezeigt, daß sich die Straflosigkeit desjenigen, der die Behörde, die er eidesstattlich belog, irrig für zuständig hielt, unter den von uns zugrunde gelegten Vorraussetzungen aus dem geltenden Recht nicht begründen läßt.** (S.62) **Eine Ausnahme wäre nur in dem Fall denkbar, daß der Täter annimmt, die, wie er weiß, unzuständige Behörde halte sich selbst irrtümlich für zuständig und glaube daher, das Strafrisiko bestehe ihr gegenüber. Ein solcher Fall wird aber in der Praxis kaum vorkommen.** (S.41) Das dürfte dann also Vogels Lieblingsfall sein, ist Praxisnähe doch Hans-Jochens Sache nicht.

DIE BEDEUTUNG DER LEHRE VOM ALLGEMEINEN TEIL DES BESONDEREN TEILS

Schon auf der nächsten Seite droht er uns an: **Diese Einsicht ermöglicht es uns, zum Abschluß des ersten, rein theoretischen Teils unserer eigenen Stellungnahme eine Übersicht über die theoretisch denkbaren Lösungen des Prinzipienkonflikts zu geben. (S.42)** Der Eideslügner kann Glück im Unglück haben. **Glaubt er lediglich, es mit einer Behörde zu tun zu haben, während es sich tatsächlich um eine private Stelle handelt, dann kann die Zuständigkeit jedenfalls nur in der Vorstellung des Täters bestehen, weil eine Nichtbehörde objektiv immer unzuständig ist. (S.75)** Da brauchen wir also **keine Bedenken tragen...** (S.23) So kann sich der Mensch **bei der Feststellung des für den fraglichen Deliktsumstand maßgebenden Teilsachverhaltes irren, er kann zum Beispiel übersehen haben, daß ein Waldstück eingezäunt ist und desshalb zu dem unzutreffenden Ergebnis gelangen, die in dem Waldstück befindlichen Tiere seien nicht fremd sondern herrenlos. (S.33)** Oh nein, nicht schon wieder der kurzsichtige irrende Jäger mit der Freundin, deren Freßsuchtsymptomatik Herr B als Schwangerschaft mißverstand.

Inmitten solcher Wirrnis **wird den Laien nicht nur sein verstandesmäßiges Beurteilungsvermögen sondern auch sein Gefühl im Stich lassen...** (S.36), wahrscheinlich **weil die besondere Eigenart der beiden Deliktsumstände einen überdurchschnittlich hohen Prozentsatz von Fehlvorstellungen verursacht, die unter dem Einfluß der typischen Tatsituation des speziellen Delikts bezüglich der Rechtmäßigkeit der Amtsausübung fast ausschließlich negativen und bezüglich der Zuständigkeit der Behörde fast ausschließlich positiven Inhalt annehmen. (S.42)** Wollte ich gerade sagen, lag mir so auf der Zunge, eidesstattliches Indianerehrenwort!

Diese Erscheinung ist sehr auffällig... (S.23), denn **hier ist der Unterschied (...) ein doppelter. (S.31)** Daran **entspann sich dann der Streit der Meinungen (S.20). Immerhin kehrt aber in der bisherigen**

Diskussion beider Streitfragen regelmäßig ein Umstand wieder, der sich als Ausgangspunkt für eine solche Untersuchung eignet. Und dieser Umstand scheint uns der äußere Anlaß der beiden Kontroversen zu sein. (S.20) Wir sagten bereits, daß die tieferen Ursachen der beiden Kontroversen und auch die tieferen Zusammenhänge des Problems bislang noch nicht Gegenstand einer speziellen Untersuchung waren. (S.20) Der äußere Anlaß für die Entstehung dieses Streites war in beiden Fällen ungefähr der gleiche. (S.20) Diese Überlegung deutet bereits darauf hin, daß wir uns im Rahmen unserer eigenen Stellungnahme zunächst der Aufhellung der tieferen Ursachen der beiden Kontroversen zuwenden und erst dann in die Erörterung der eingangs der Arbeit gestellten Fragen eintreten werden (S.19/20) In solchermaßen vorbildlicher Präzision liegt wohl **die Bedeutung der Lehre vom Allgemeinen Teil des Besonderen Teiles. (S.76)**

Doch wie sieht der Durchschnittsbürger das Problem der **eidesstattlichen Lüge (S.21),** der ja kaum Rehbock, Frucht und Vogel auseinanderhalten kann? **Für den Durchschnittsbürger stellt doch eine Pfändung oder eine Festnahme ein recht seltenes Ereignis dar...** (S.28) Und wieder setzt Vogels brillianter Verstand den Meißel an: **So kommt der Durchschnitt der Bevölkerung mit der Tätigkeit der Vollstreckungsbeamten und folglich mit den fraglichen Rechtsnormen nicht allzu häufig in Berührung. (S.28)**

WIEDERHOLUNG SCHON BEKANNTER GEDANKENGÄNGE

Es wäre eine arge Überspannung der Sorgfaltspflicht, wollte man von jedem Laien ein eingehendes Gesetzesstudium verlangen. (S.44) Ob die fraglichen Bestimmungen klar und eindeutig abgefaßt sind, oder ob sie dem Verständnis des Laien Schwierigkeiten bereiten, oder ob über ihre Auslegung sogar die Juristen streiten... (S.27) muß auch gefragt werden. Solange H. J. Vogel nicht ihr Autor war, hat der

Durchschnittsbürger noch eine letzte dünne Verständnischance. Im Zweifel Freispruch, außer **wenn der Täter, vielleicht ein Jurist, die maßgebenden Vorschriften kennt... (S.44)** Ihm ist schnell **seine bessere Einsicht in die Eigenart der Situation zum Verhängnis geworden. (S.59/60)**

Wonach richtet sich der Laie dann? **Schließlich wird es für den Grad der Vertrautheit mit der Handhabung der jeweiligen rechtlichen Bewertungsskala aber auch von Bedeutung sein, ob die in Rede stehenden Rechtssätze mit Kriterien arbeiten, deren Vorliegen sich im Einzelfall einfach mit Hilfe der sinnlichen Wahrnehmung feststellen läßt oder ob diese Kriterien ihrerseits wieder neuerliche Wertungen erforderlich machen. (S.27/28)** Außer, wenn es (...) **dem Laien an verstandesmäßigen Anhaltspunkten fehlt. (S.35)** Und glücklicherweise – nicht verzagen, Vogel fragen: **Derartige Anhaltspunkte kann sich der Laie gegebenenfalls auch durch Information bei einem Sachverständigen verschaffen. (S.36)**

Durch unsere bisherige Untersuchung sind wir der endgültigen Antwort auf die Frage nach der tieferen Ursache der beiden Kontroversen schon sehr nahe gekommen. (S.37) Nunmehr sind wir im Stande, die Frage nach der tieferen Ursache der beiden Kontroversen erschöpfend zu beantworten. (S.41) Womit haben wir diese Strafe verdient? **Darin liegt zugleich auch eine gewisse Unzweckmäßigkeit, weil ungerechte, dem Schuldprinzip widersprechende Bestrafungen verbitternd wirken. (S.71/72)**

War der Rehbock selber schuld oder die Geliebte, die verdächtig viele saure Heringe aß? **Wie die vorangegangnen Paragraphen zeigen, ist unser Problem (...) schon überaus eingehend** (von anderen Autoren, d.V.) **bearbeitet worden. Angesichts dessen drängt sich das Bedenken auf, ob nicht jede neue Untersuchung notgedrungen auf die Wiederholung schon bekannter Gedankengänge hinauslaufen muß. (S.19)** Hier hat Hans-Jochen einen ausgesprochen überzeugenden Gedanken. **Was ist von dieser Argumentation zu halten? Zunächst erscheint sie schon einmal rein formell bedenklich. (S.57)**

Der Skandal des Dr. habil. Gerhard Stoltenberg

UNTER ALLER KANONE

Was schindet noch mehr Eindruck als der Doktortitel? Wenn man »Herr Professor« ist. »Das brauche ich auch«, dachte sich Gerdchen und überlegte sich, wie dies mit dem geringsten Aufwand zu bewerkstelligen sei. Denn so viel Zeit fürs Denken, Forschen und Formulieren bleibt einem nicht neben dem Fulltime-Job als Parteibonze im Bundestag und als Bundesvorsitzender der Jungen Union. Bei aller Freundschaft mit dem ebenfalls stramm konservativen Historiker-Häuptling der Kieler Uni, Professor Karl Dietrich Erdmann: eine Habilitationsschrift muß als Alibi her.

Nun werden aber an die Habilitationsschrift, diese sozusagen Super-Doktorarbeit, sehr hohe Ansprüche gestellt. Im Jahre 1960 hablilitierten genau 14 Geschichtswissenschaftler, 1962 nur vier, 1963 acht. Selbst in unserer Zeit der Inflation wissenschaftlicher Ambition sind es nur runde 40 jährlich. Wer zu den wenigen Oberakademikern des Landes gezählt werden will, muß sich erfolgreich auf wissenschaftliches Neuland wagen und als Ergebnis eigener Forschung und Denkanstrengung ein solides und eigenständiges wissenschaftliches Werk herausbringen. Mit Husch-Husch und Dünnbrett läuft da nichts. Sollte man meinen! Diesmal muß der Schreiber Profil zeigen und ein paar wirklich wissenschaftliche Register ziehen. Unser Gerdchen ist talentiert als Historiker, das wissen wir seit seiner Doktorarbeit **Der Deutsche Reichstag 1871-73** (Kiel, 1954). Aber reicht sein Talent auch zur Habilitation?

Einem skrupellosen Schlaumeier könnte eine zündende Idee kommen: »Wenn ich irgendwo eine hochkarätige Arbeit aus dem verstaubtesten Keller holen könnte, eine Arbeit, die niemand kennt, eine professionelle, überzeugende Arbeit von vollkommener Materialfülle... Ich bräuchte sie nicht gerade abzuschreiben. Aber ich könnte alle ihre Quellen verwerten als meine Quellen, das ganze unter einem etwas anderen Gesichtpunkt als das Vorbild aufziehen und ansonsten alles bis zum Knochen ausschlachten. Da niemand außer mir das von mir zerstückelte Skelett kennt, das ich dann neu zusammensetze und mit meinem mageren Fleisch behänge, kann mir auch niemand was...«

Rudolf Heberle, Jude, verließ Nazi-Deutschland, bevor es nach Gas roch. Der Kieler Privatdozent für Soziologie setzte sich im Sommer 1938 nach Louisiana, USA, ab, wo er an der State University als Professor weiterarbeiten konnte. Im spärlichen Gepäck schleppte er ein Manuskript von 1933/34 mit nach Amerika: »**Die politische Willensbildung auf dem Lande in Schleswig-Holstein 1871-1932**«, eine soziologische Arbeit über die kontinuierliche Entwicklung der erzkonservativen Landbevölkerung Schleswig-Holsteins zu einem Hurra-Faschismus, auf den selbst der Führer hätte neidisch sein können. Im Titel der 1945 in Baton Rouge, USA, veröffentlichten Kurzfassung der immer noch unveröffentlichten Studie kommt dies deutlich zum Ausdruck: »From Democracy to Nazism«.

Niemand interessiert sich für das kurze, englischsprachige Exzerpt des jüdischen Emigranten. Das Westdeutschland der 50er Jahre will nichts von der bruchlosen Entwicklung seines schlechten Charakters von der Kaiserzeit bis hin zu den Gaskammern wissen. Jeder hält sich für ein Opfer einer Handvoll Kranker, niemand hat je »Heil Hitler!« gerufen, und da ist niemand, der nicht seit '33 auf die »Befreiung« wartete.

»**Politsche Strömungen im schleswig-holsteinischen Landvolk 1918-1933**« heißt die Schmonzette, mit der Gerdchen 1960 habilitiert. Der Vizeweltmeister in Sorgfalt soll bei der Entscheidung für dieses Thema nicht gewußt haben, daß es Heberles Ergüsse schon gab? Ebensowenig sein Doktor- und Habilitationsvater Professor Erdmann, **der diese Untersuchung durch seinen Rat in zahlreichen Gesprächen förderte (S.6)**? Wer soll das schlucken, Freunde? So viele Leute beschäftigen sich nun auch wieder nicht mit neuerer schleswig-holsteinischer Geschichte oder Soziologie! Gerdchen jedenfalls stellt sich treudoof und behauptet im Vorwort: **Während der Arbeit an dieser Darstellung wurden mir das unveröffentlichte Manuskript von Rudolf Heberle (. . .) und die in den USA erschienene Kurzfassung dieser Darstellung zugänglich gemacht. (S.6)** Also erst während seiner Arbeit! Na, dann kann Gerdchen eigentlich gar nicht abgekupfert haben! Und zugänglich gemacht wurde sie ihm? Wer auch immer unserm Gerdchen Heberles Arbeiten in die Hand gedrückt hat, Heberle selbst wurde nicht übergangen: **Dieser wertvollen Untersuchung, wie auch zahlreichen persönlichen Hinweisen ihres Autors verdanke ich viele bedeutsame Anregungen. (S.6)** Anregungen nennt das der elegante Abdecker.

Nein, so blöde ist er nun auch wieder nicht, daß er etwa seitenlang abschreiben würde. Und schließlich war Heberles Arbeit soziologisch, Stoltenbergs aber geschichtlich orientiert. Und so stand denn auch in Heberles Manuskript nur, was Gerdchen sowieso gesagt hätte. Duplizität der Fälle nennt man das. Und man freut sich doch, wenn zwei große Forscher – unabhängig voneinander – zu denselben Ergebnissen kommen, der eine rund 30 Jahre eher, der andere rund 30 Jahre später.

Natürlich läßt sich Gerdchen nicht lumpen, auch wenn er in der historischen Intensivstation am kreativen Tropf hängt. Wenn die Ergebnisse und die Grundthesen klar sind und zufällig mit denen von Heberle weitgehend übereinstimmen, schüttet er noch einen eigenen wissenschaftlichen Haufen Quellen zur weiteren Bestätigung drauf. Das fällt nicht schwer, sieht doch die Dokumentenlage im Nachkriegsdeutschland für den »forschenden« Stoltenberg besser aus als für Heberle weiland. Mit der Urheberschaft an Ideen nimmt er es nicht zu genau. Gern vergißt er inmitten einer Anzahl von Alibiverweisen auf das noch immer unveröffentlichte Heberle-Manuskript darauf hinzuweisen, daß hier und da Thesen und Einsichten von Heberle als erstem formuliert wurden. Das ist wirklich nicht die feine wissenschaftliche Art.

Nun gibt es Leute, die sagen: eigentlich dürfte Stoltenberg gar keine Lehrberechtigung haben, hat er sich diese doch mit einer Habilitationsschrift »erworben«, die sich in vielen ihrer wichtigsten Aspekte auf die Vorarbeiten eines anderen Wissenschaftlers stützt und insofern ganz und gar nicht die wissenschaftliche Leistungsfähigkeit und eigenschöpferische Originalität beweist, die man von einem Professor mindestens erwartet.

Der Historiker Imanuel Geiss, derzeit Professor in Bremen, schrieb 1971 in der »Frankfurter Rundschau«: **wäre** unser Gerdchen **(...) allein zu den Ergebnissen seiner eigenen Schrift gekommen, so hätte er, im Vergleich zu überdurchschnittlichen Dissertationen und üblichen Habilitationen auf seinem Gebiet (...) in den 50er und 60er Jahren, gewiß eine leicht über dem Durchschnitt liegende Dissertation geliefert, aber auch nicht mehr.** Aber er kam ja bekanntlich nicht allein zu diesen Ergebnissen. Weiter mit Professor Geiss: **Mit der Startvorgabe des Heberle-Manuskriptes reduziert sich seine Leistung allenfalls auf eine schwache Dissertation.** Geiss schlägt die Bewertung **rite** (also ausreichend, die geringste Note für die Doktorarbeit) für diesen farblosen Cocktail aus handelsüblichen Zutaten vor.

Im besten Falle war es so: Gerdchen friemelt und forscht über anstrengende Monate hinweg vor sich hin und stolpert dann, nachdem er vielleicht schon verdammt viel Arbeit investiert hat, über Heberle. Er setzt sich mit Heberle in Verbindung, bekommt das Manuskript und stellt fest: vor 30 Jahren schon hat der Mann rechtgehabt. Das Buch, an dem er gerade schreiben will, ist schon längst geschrieben. Gerdchen, ich fühle mit dir! Das ist mir auch schon passiert.

Der zweitbeste Fall wäre der: Gerdchen hält den vollständigen Heberle in Händen und stellt fest, daß Heberles Thesen – leider – einfach schlüssig sind. Es bleibt ihm nichts anderes übrig, als sie zu übernehmen, auch wenn sie so gar nicht in Stoltenbergs politisches Weltbild passen! Oder hätte irgend jemand von unserm Gerdchen erwartet, daß er sich die Kontinuitäts-These auf die eigene Fahne schreibt, während er politisch zur selben Zeit eben diese These vehement bekämpft, führt sie doch in letzter Konsequenz dazu, die konservative Kontinuität aus dem 19. Jahrhundert auch über die Nazizeit hinweg bis ins Mark der zeitgenössischen CDU in Ideen, Stimmung sowie Mitgliederschaft zu schlußfolgern!

Was würde ein Ehrenmann tun? Er würde den Aktendeckel zuklappen und auf die Bekanntgabe seiner Erfindung, der Glühbirne, verzichten, weil ihm seine Frau gerade eröffnet hat, sie habe gestern bei dem Kaffeekränzchen ihrer Freundin eine Glühbirne leuchten sehen. Doch wollen wir dabei außer acht lassen, daß Heberle sein gottverdammtes Manuskript noch gar nicht veröffentlicht hat? Die Glühbirne bei Elviras Freundin brennt zwar schon seit 30 Jahren, aber es ist die einzige weltweit. Osram will sie erst nächstes Jahr in die Regale der Kaufhäuser bringen!

Wollen wir es Gerdchen verzeihen, weil er immer so tadellos frisiert ist? Nein, denn selbst die für sich schon dürftige und keinesfalls akzeptable Ausrede, er habe erst spät von Heberles Thesen erfahren, weil diese unveröffentlicht waren, können wir direkt in den Aktenvernichter werfen. Schon 1934 nämlich erschien eine kurze Zusammenfassung des Heberle-Manuskriptes im »Volksspiegel« (Bd. 1, Nr. 4): »**Die politische Haltung des Landvolkes in Schleswig-Holstein 1918-1932**«. Eine so offensichtliche Quelle, deren Titel schon beinahe identisch mit dem Titel von Stoltenbergs Arbeit ist, hätte unser »Forscher« niemals übersehen können! Und schon gar nicht sein Professor Erdmann.

1963, im dritten Jahr nach Gerdchen's Habilitation, geht schließlich auch Heberle mit seinem Manuskript an die Öffentlichkeit.

Inzwischen war er übrigens – zufällig – in Kiel gewesen, um sein legendäres Manuskript dort zu überarbeiten. 1961 beschreibt er, Schwamm über Vergangenes, wie sehr man ihn mochte: **Die Durchführung der Arbeit wurde wesentlich erleichtert durch die Gastfreundschaft, die ich im Staatswissenschaftlichen Seminar und im Institut für Weltwirtschaft an der Universität Kiel genossen habe.** Nochmals herzlichen Dank an dich, Rudi, daß du meinem Freund Gerd den Vortritt gelassen hast! Herzlichen Dank auch von Gerdchen direkt? Wollte sich der dankbare Stoltenberg durch ein Gegengeschenk revanchieren, als Rudi zwei Jahre später, 1965, von seiner alten Uni Kiel zum Ehrendoktor befördert wurde? Nein, da kann Stoltenberg seine Finger nicht im Spiel gehabt haben, war er doch 1965 nur frisch ernannter Bundeswissenschaftsminister!

Und was ist eigentlich mit diesem Professor Erdmann los? Ist dieser renommierte Wissenschaftler eine blinde Pappnase vor dem Herrn, die vor lauter Aktivität für die gemeinsame Partei, die CDU, vom eigenen Habilitanten über den Tisch gezogen wurde? Geschichtsprofessor Geiss jedenfalls hält Kollegen Erdmann für einen integeren Konservativen und schreibt: **Bleibt also nur die Vermutung, daß sich Erdmann über die erhebliche Abhängigkeit Stoltenbergs vom Heberle-Manuskript nicht im klaren war.** (FR 7.4.1971) Na, wenn das stimmen soll, haben Gerdchen und sein Parteikumpel aber tief ins Glas geschaut bei ihren »zahlreichen Gesprächen«, durch die sich Gerd, damals stellvertretender Landesvorsitzender der CDU, so »gefördert« fühlte (s.o.). Hier scheinen ein paar Herren den Versuch unternommen zu haben, größere Filz-Künstler zu werden als Joseph Beuys. Wie es scheint erfolgreich...

Selbst Professor Geiss, uns bereits aufgefallen wegen seiner verdächtigen Schonung der Augen des Krähen-Kollegen Erdmann, ist schon ein bißchen ruhiger geworden. An seinen Aufsatz in der Frankfurter Rundschau, mit fast 300 Zeilen Länge doch etwas mehr als eine rasch hingeschmierte Aktennotiz, konnte er sich nicht mehr erinnern, als ich ihn neulich sonntags stundenlang am Telefon hatte. Sicher, seinerzeit habe er mal, hochprivat natürlich, die beiden frag-

lichen Arbeiten verglichen. Er sei ja als einer der wenigen fortschritt-
lich eingestellten Fachleute für neuere Geschichte in Kiel bekannt
gewesen. Aber für einen deftigen Abschreibe-Vorwurf ist wohl nicht
genug rausgekommen. Dem ewigen schleswig-holsteinischen
Stoltenberg-Kontrahenten und späteren SPD-Aussteiger Kuddel
Schnööf (Jochen Steffen), konnte Geiss nicht weiterhelfen. »Und
wenn Sie mich da irgendwie zitieren wollen«, insistiert Professor
Geiss, »dann schreiben sie bitte auf jeden Fall, daß der Stoltenberg,
wenn er nicht ein erfolgreicher Politiker geworden wäre, einen guten
Historiker abgegeben hätte.«

Dr. Friedrich Karl Flick

ZWISCHEN 0 UND 1 SIND BRÜCHE MÖGLICH

DER ANREIZ VERWICKELTER KONTUREN

Friedrich-Karl Flick wird immer als dummer Weiberheld und Saufbruder diffamiert. Ganz falsch, er kann bestechen. Und zwar uns mit seiner Fähigkeit, aus den einfachsten Sachverhalten noch ein bis zur Fesselballongröße aufgeblasenes gelehrtes Etwas zu machen. Sein Dissertations-Machwerk liest sich Seite für Seite so wie der folgende Block: **Angenommen, die Substitutionsrate sei jeweils 1, so wäre eine Änderung von $x > x+dx$ durch Änderung $y > y-dy$ oder umgekehrt sowie eine Änderung von $z > z+dz$ durch Änderung auf $x+dx$ oder $y+dy$ zu kompensieren und umgekehrt. Es könnte so der einfache Fall beschrieben werden, daß die Qualität eines mit Aufwand vorgeformten Objektes $(x+dx)$ durch Verminderung des Formgebungsaufwandes $(y-dy)$ im Verbrauch bei gegebenem numerischem Nutzen gleichbleibt, ebenso wie sie sich gleichmäßig verschiebt, wenn die Werte höher legierter Stoffe $(x+dx)$ oder zusätzliche Bearbeitungsaufwendungen $(y+dy)$ zu einer Anhebung des numerischen Nutzens $(z+dz)$ etwa über längere Lebensdauern führt (S.26)** Verstanden? **Nach allen vorangegangenen Darstellungen ergibt sich nun eine nicht ganz einfache Analyse der Qualität. (S.43)** Na, da blüht uns ja noch was.

»Der Qualitätswettbewerb im marktwirtschaftlichen System«
Inaugural-Dissertation zur Erlangung des Doktorgrades der Wirtschafts- und Sozialwissenschaftlichen Fakultät der Universität zu Köln, 1965 vorgelegt von Dipl.- Kfm. Friedrich Karl Flick aus Düsseldorf (konnte ohne Titel nicht weiterleben im Alter von 38 Jahren). Umfang: 142 Seiten

Läßt sich Qualität messen, wenn es um Gefallen und Gefühl geht? **Geschmackspräferenzen, Farbwirkungen oder auch psychologische Reaktionen beispielsweise auf musikalische Darbietungen gehören in diesen Bereich, und es fragt sich, ob mathematisch-naturwissenschaftliche Messungen hier überhaupt noch möglich sind.** Doch deuten die statistisch beobachteten Regelmäßigkeiten der Geschmacks- und Farbbevorzugungen und die Möglichkeit, den musikalischen Rhythmus durch Zeiten und Zeitfolgen der Töne sowie die Melodie durch die Frequenzen der Töne zu interpretieren, wohl auf die Schwierigkeit der Messung, nicht dagegen auf die Nichtmeßbarkeit überhaupt hin; und wenn sie mit einer Nichtmeßbarkeit nicht schon identisch sind, braucht auch nicht von der Annahme abgegangen zu werden, daß quantitative Daten wesentliche Elemente des qualifizierenden Urteils bilden und die Qualität mindestens auch eine Aussage über quantitative Größen aus dem naturwissenschaftlich-technischen Bereich ist. (S.18)** So untersucht Doktor Flick dann statistisch die Verbreitung von Walzern im Dreiviertel-Takt, um die qualitative Überlegenheit der Zeiten und Zeitfolgen gegenüber dem Foxtrott herauszumessen. **Stünde Kaffee Hag, Kaffee oder Mokka zur Diskussion, so wäre in bezug auf die primären apperzeptiven Wirkungen eine vertikal anzusprechende Ordnung zu vermerken. (S.29)**

Dash wäscht so weiß, weißer geht's nicht. Ein optimales Produkt. **Im Falle des DDT war die erhebliche Verbesserung der Qualitätsfunktion durch Wegfall des negativen Faktors, nämlich der schädlichen Nebenwirkungen zu formulieren. (S.116)** Das geht an die Substanz! **Bei Schmuckstücken dagegen mag die Substanz zurücktreten, wenn die Formen und insbesondere verwickelte Konturen den Anreiz bilden. (S.30)** Der verwickelte Umriß hat es auch Flick angetan, als er diese grausame Dissertation voller schädlicher Nebenwirkungen aus dem Hut zauberte (oder vielleicht gar von einem Jagdfreund zaubern ließ). Seine Arbeit wird Generationen noch als Beispiel für Warum-einfach-wenn's-auch-kompliziert-geht dienen. **In diesem Zusammenhang könnte von der Erfahrung ausgegangen werden, daß sich eine Anzahl von Erzeugnissen, wie Nähnadeln, Tischtennisbälle oder Werkzeuge, in längeren Zeiträumen nicht ändert. (S.29)**

Dabei haben wir uns erst die einfacheren Erkenntnisse angetan. **Doch sind die Gegenstände des ökonomischen Interesses außerordentlich mannigfaltig und keineswegs von einfacher Struktur. (S.13)** Wenn wir etwas genauer hinsehen, können wir beim Gerät verwickelte Konturen erkennen: **Wo neben der Struktur die Masse eine Rolle spielt, also beim Gerät, ist das gleiche Prinzip durchweg funktionsgebundener Formgebung, das systematisch sowohl in Anpassung an Grundlagenänderungen (Stoffe) als auch in bezug auf die Verbesserung der konstruktiven Durchbildung und ständig zwecks Beeinflussung der Grundeinheiten Kraft, Zeit oder Weg zu lösen versucht wird, zu erkennen. (S.123)** Das soll aber unseren Blick nicht trüben. **Im ganzen aber soll bedacht werden, daß kein Verfahren oder keine Zeitfolge ohne irgendein Gerät oder eine Raumform denkbar ist und diese wiederum nicht ohne Substanz. (S.17)**

DER TATBESTAND DER GROSSEN ZAHL

Etwas weniger verständlich scheinen demgegenüber die Verhältnisse im Verfahrensbereich zu sein, also in der Zeitform des technischen und ökonomischen Wirkens. Hier sind die Substanz und das Gerät auszuschließen und die Betrachtung auf Aktionen im Zeitablauf oder auf die Zeiten und Zeitfolgen von Aktionen zu beziehen. (S.16) Schließen wir das Gerät aus und beziehen es für einige Zeiten auf Zeiten in Aktionen oder Aktionen in Zeiten. Beizeiten sei angemerkt: **Umfaßt der Arbeitsablauf nach dem Verrichtungsprinzip in ungeregelter Folge die Betriebsmittel-Hauptzeiten oder die Einwirkungszeiten oder die Tätigkeitszeiten des Arbeiters sowie die Nutzungsneben- und Brachzeiten, die Förder- und Liegezeiten und die Arbeiter-Ruhezeiten, so bedeutet eine Organisation nach dem Flußprinzip, daß der Arbeitsfortschritt durch Leistungsabstimmung und/oder durch Takt geregelt und die Neben- und Brachzeiten möglichst mit den Hauptzeiten parallel geschaltet sind. (S.16)** In dieser Zeit (...) kann der Produzent nur zu den Göttern hoffen, daß er

klug und richtig entschieden und marktgerecht gehandelt hat. (S.71)

Da hat der Zufall keinen Platz mehr. **Weder die Glühlampe noch die Elektronenröhre noch der Transistor entstanden als reiner Zufall. (S.120)** Was vielleicht am Tatbestand der großen Zahl gelegen haben mag. **Im ganzen aber kann vermerkt werden, daß die Tatbestände der großen Zahl, der mehrdimensionalen Variabilität und der variablen Wechselwirkungen der Qualitätsfunktionen weitgehend der Messung und Beachtung im Weg stehen, auch dann, wenn die Annahme gleicher konstanter Nachfragefälle nicht aufgegeben wird. (S.49)** Hinter dieser etwas verwickelten Kontur tritt die Substanz zurück. **So sind auch hier Gefügegeflechte zu erkennen, die einer ganzen Anzahl von Bedingungen der verschiedensten Art unterworfen sein können. (S.51)**

Jeder zieht sich den Schuh an, der ihm paßt. **Nun ist ein Tatbestand gewiß, und zwar der, daß jeder Nachfragende zeitlich und kontinuierlich etwa bis zum zwanzigsten Lebensjahr alle Maße zwischen seinen Anfangs- und Endmaßen annimmt, während nach diesem Lebensalter ein Teil der Nachfragenden seine Proportionen in etwa beibehält oder sie typisch verändert oder sehr erhebliche Abweichungen entwickelt. (S.51)** Eine bedeutende Erklärung. **Die Bedeutung solcher Erklärungen liegt aber darin, daß sie die Eigenschaft haben müssen, für mehr als einen Fall angewendet werden zu können. Im Idealfall sind es Gesetze, die keine Ausnahmen zulassen, in einfacheren Fällen dagegen Regeln, die zwar gegen eine Anzahl von Veränderungen invariant sind, die aber notwendig mit Ausnahmen oder mit Fehlern in Verbindung stehen. (S.54)**

Nun gehen wir mal auf das Preis-Leistungs-Verhältnis ein. **Im ganzen zeigt sich also, daß Preise, ob konstant oder variabel, besser aus der Erörterung ausgeschlossen werden, da sie entweder nicht interessieren oder unzutreffende Schlüsse vermitteln oder überhaupt nicht begründet veranschlagt werden können. (S.58/59)** Den reichsten Mann Deutschlands haben Preise noch nie interessiert, ihm reicht es zu wissen, daß er sich erstens von seinem Taschengeld alles leisten kann und zweitens jeder seinen Preis hat. Auch statistisch gesehen. Es ist eben nicht anders möglich, für Organismen (biologisch oder soziologisch) irgendeine Konjunktion von Eigenschaften von Elementen einer Menge oder irgendeine Leitregel anders zu ermitteln als statistisch. (S.62/63)

NACH FIXEN FOLGEN ABGREIFEN

Somit ergibt sich also ein Bündel elementar definierter Qualitätsfunktionen nebst Leitregeln als Eingänge in den Wettbewerb, ohne Aussagen in bezug auf ihre Wirkungszusammenhänge untereinander, und es ergibt sich ferner ein Muster der Nachfrage- und Präferenzstruktur nebst statistischen Parametern über den fixen, regelmäßigen, wahrscheinlichen und zufallsdefinierten Charakter der Präferenzen. Was dazwischen liegt, als die Verkettung der Qualitätsfunktionen und der Präferenzursachen, ist äußerst komplex und indeterminiert. (S.70) Was zwischen allerlei Bündeln nebst Leitregeln als Eingängen liegt, ist äußerst komplex. Doch bei Flick **werden schließlich die übriggebliebenen extremen Fälle einbezogen, die als Zufälle bezeichnet werden. (S.64)**

Es soll angenommen werden, eine Durchmusterung der Nachfrage sei erfolgt, und es sei gelungen, eine Verteilung der Präferenzen etwa nach fixen, regelmäßig stabilen, wahrscheinlichen oder zufallsdefinierten Folgen abzugreifen. (S.70) Die Verteilung ist erfolgreich abgegriffen. **Aber die Durchmusterung der Nachfrage ist nicht auf die Ermittlung positiver Kaufentscheidungen der Vergangenheit begrenzt, und diese bilden nicht allein die Nachfrage-Obermenge. Sie besteht vielmehr aus einer Untermenge mit der positiven Kaufentscheidung 1 und aus einer weiteren mit der negativen Entscheidung 0, darüber hinaus aber aus noch mehr. Denn zwischen 0 und 1 sind Brüche möglich, die es nicht zulassen, die negativen Entscheidungen als völlig ausgeschlossen zu definieren, und so wird jeder der Brüche** oder irgendein Mittel- oder Häufigkeitswert zum Maß für die Wahrscheinlichkeit latenten Bedarf zu mobilisieren, soweit einzelne Fälle nicht als völlig negativ und ausgeschlossen angenommen werden müssen. Also gilt es auch, den Wahrscheinlichkeiten zwischen 0 und 1 ein Maß zu geben, auf Grund dessen für Variationen oder Tranformationen angenommen werden kann, daß sie zu positiven Kaufentscheidungen gestaltet werden können. (S.86) Der mathematische Revolutionär Flick erzählt uns, daß zwischen 1 und 0 mehrere Brüche möglich sind. Was kommt raus, wenn man 0 durch 1 dividiert? Kaufen wir uns die CDU oder nicht? 0 oder 1: Sind das Entscheidungen, die in der Unbestimmtheit liegen? **In der Tat ist es auch nicht möglich, von den Entscheidungs- und Handlungsspielräumen, von den Ergebnissen ihrer Entscheidungen, die in der Unbestimmtheit liegen, abzusehen, wenn Probleme der Qualitätsänderungen und des Qualitätswettbewerbes zur Behandlungs stehen. (S.130)** Nicht grundsätzlich anders liegen die Verhältnisse bezüglich der Raumform des technisch-produktiven Wirkens, also bezüglich des Gerätes. Doch ist der Begriff Gerät in sehr weitem Sinne, und zwar im Sinne jeder Formgebung eines Stoffes im Raum, zu verstehen. (S.15) Das hat aber doch alles überhaupt nichts mit der Realität zu tun, werden manche jetzt anmerken wollen. **Gegenüber dieser Konzeption, die von anderen Bedingungen als denen der Qualitätsgestaltung abstrahiert, zeigt die Wirklichkeit verständlicherweise bemerkenswerte Abweichungen. (S.98)** Sehr bemerkenswerte sogar ...

Dr. Josef Kardinal Höffner

HOMOSEXUALITÄT WEIT VERBREITET

1944 läßt uns Kardinal Höffner wissen: **Noch vor einigen Jahrzehnten galt Spaniens koloniale Wirtschaftspolitik als Schulbeispiel einer rücksichtslosen Ausbeutung, einer »ganz einseitigen Herrenmoral«. (S.287)** Inzwischen, im letzten Jahr der Nazi-Zeit, wissen wir es besser: Die spanische Totaleroberung in Mittel- und Südamerika war gar nicht so schlimm. **Gewiß sind schändliche Grausamkeiten und furchtbare Plünderungen, vor allem in den Jahrzehnten der Conquista, vorgekommen, wie sie übrigens allen Kolonialmächten bis ins 18. und 19. Jahrhundert hinein zur Last fallen. Das darf uns aber nicht zur Einseitigkeit verleiten. (S.287)** Die anderen waren schließlich auch grausam.

Nein, die blutrünstige Versklavung Mittel- und Südamerikas war - eigentlich − eine schöne Zeit. **Ein eigenartiger Zauber liegt über jenen Jahrzehnten, in denen am spätmittelalterlichen Himmel die Morgenröte einer neuen Zeit aufleuchtete. (Einleitung)** Etwas poetischer noch: **Ernte und neue Blüte, Vergehen und Entstehen ringen miteinander. (Einleitung)** Und ein bißchen schwanger war sie obendrein, die schöne Zeit: **Wahrhaftig, eine schicksalsschwangere Zeit. (Einleitung)** Für den Blick in herzliche Abgründe war sie zudem geeignet: **Es gibt Zeiten, in denen man tiefer in die Abgründe des Menschenherzens schauen kann. (Einleitung) Eine solche Zeit ist auch die unsere. (Einleitung)**

»Christentum und Menschenwürde. Das Anliegen der spanischen Kolonialethik im Goldenen Zeitalter« von Dr. phil. Dr. sc. pol. Dr. theol. habil. Professor der Theologie Joseph Höffner, philosophische Dissertation, 1944,(den Heiden aufs Auge gedrückt im Alter von 38 Jahren). Umfang: 333 Seiten

BEIM TRINKEN UND MIT DEN WEIBERN

Was wir unter unserer Zeitlupe erblicken ist **echt spanischer Kreuzfahrergeist und Erobererstolz...** **(Einleitung)** Überhaupt die Kreuzfahrer: rauhe Jungs mit einem guten Kern, die **in gutem, aber irrigem Glauben (S.265)** den Wilden ein bißchen Kultur beibringen. **Die Konquistadoren waren, wie viele Spanier ihrer Zeit, von ungeheuchelter, wenn auch wenig geläuterter Religiosität. (S.125)** Eine Frage des spanischen Blutes: **Natürlich war bei einer Nation, der das Kreuzfahrerideal im Blute steckte, mit der Entdeckerfreude der Bekehrungseifer aufs innigste verbunden. (S.112)** Zum Beispiel steckte (!) das dem spanischen Chef-Eroberer und Erfinder des standfesten gleichnamigen Eies im Blut, Kolumbus. **So ruhte also in der Brust des großen Entdeckers Irdisches und Himmlisches ohne Heuchelei dicht nebeneinander. (S.117)** Da wird auch die eine oder andere menschliche Schwäche verzeihlich: **Neben dieser Sucht nach Ruhm, Macht, Gold und Ehre stand** (bei Kolumbus, d. V.) **ganz unvermittelt eine tiefe, ehrliche Frömmigkeit. (S.117)** Dem ganzen Abendlande nützte es: **Darauf begann (...) jene legendenumrankte Entdeckungsfahrt, die eine verborgene Welt entschleiern und dem Abendland Schätze und Länder in ungeahnter Fülle eröffnen sollte. (Einleitung)** Auch Eroberer-Kollege Cortes war besser als sein Ruf: **Er war der Typ eines Konquistadoren: Ehrgeizig, kühn, grausam, skrupellos und doch auch ehrlich religiös. (S.125)** So hat sich Cortes für seinen Beruf entschieden: **Cortes (...) hörte von einem mächtigen Könige, Montezuma mit Namen(...) Sofort war Cortes gewillt, dieses Reich zu erobern. (S.121)** Und feiern konnten die tiefreligiösen Spanier auch: **Es ging toll zu, besonders beim Trinken und mit den Weibern. (S.125)** Dagegen konnten die Portugiesen keine Schnitte kriegen: **Dauernde Erfolge zeitigten sie nicht. Grund des Mißerfolgs war zunächst einmal die falsche Kolonisierungs- und Missionierungsmethode, vor allem aber das abstoßende unchristliche Leben der Europäer ... (S.114)**

Nun kommen wir zum Problem der spanischen Aggressivität und

Höffners Entschuldigungen: **Das spanische Sendungsbewußtsein, der spanische Eroberungsdrang, der spanische Kreuzfahrergeist waren ja von wesentlich aggressiver Art.** (S.110) Da entrang sich natürlich ein Aufschrei dem katholischen Gewissen: **Beim Anblick der zertretenen Menschenwürde brach damals im goldenen Zeitalter - und erleben wir in unseren Tagen nicht Ähnliches? - ein Aufschrei aus dem christlichen Gewissen hervor, der nicht überhört werden konnte. (Einleitung)** In der Tat, es sei denn, man stelle sich, wie in »unseren« Nazi-Tagen, taub. Doch Höffner zeigt immer wieder Verständnis, auch mit den katholischen Bekehrungsfachleuten: **Bei dem typisch spanischen Ineinanderfließen nationaler und christlicher Motive mußte auch die Missionierung der Indianer eine aggressive Note erhalten. (S.110)** Bei dem typisch deutschen Ineinanderfließen nationaler und christlicher Motive »mußte« es bei der »Missionierung« ebenfalls zu einer aggressiven Note kommen.

EIN AUFRICHTIGES JA

Die spanische Kolonialethik des Goldenen Zeitalters wurde in schwerem Ringen geboren (Einleitung), nach anstrengender Schicksalsschwangerschaft jener Zeit mit glutroter... Seien wir mal ehrlich, eigentlich haben die Wilden doch Glück gehabt, dank uns Katholen: **Wenn die indianische Rasse in Mittel- und Südamerika erhalten geblieben ist, so verdankt sie das dem christlichen Gewissen... (Einleitung)** Herzlichen Dank, nochmal, auch von uns Europäern, war es doch dies christliche Gewissen, das obendrein **die Völkerwissenschaft begründete. (Einleitung)** Im Antlitz solch großer Leistung vergißt man gern **das bittere Geschick der Kriegswirren... (Einleitung)**

Katholische Spitzenleistungen wurden vollbracht, wo es um Heiden und Barbaren ging. Zuerst **suchte man in den Heidenbegriff eine gewisse Gliederung zu bringen. (S.47)** Definition: **Jenseits der Gren-**

zen leben die Ungläubigen. (S.37) Leider ist auch das Innere nicht heidenfrei: **Dabei unterscheiden wir zwischen den »Fremdkörpern« innerhalb des Reiches und den Ungläubigen jenseits der Grenzen.** (S.37) Den Fremdkörpern muß die Kirche Christi schon mal die Ohren langziehen. Warum ist sie dazu berechtigt? Sie ist eine sichtbare und obendrein organisch gegliederte gesellschaftliche Erscheinung mit pikanten Rechten: **Die Kirche Christi ist (...) eine sichtbare, organisch gegliederte gesellschaftliche Erscheinung, die berechtigt sein muß, zur Wahrung ihrer Ordnung auch gewisse Strafen anzuwenden. (S.39)** Auch bei den amerikanischen Heiden. Allzu streng war man ja nicht: **Die Todesstrafe wurde nur an den Unbußfertigen und Rückfälligen vollzogen. (S.42)**

Hören wir, wie Höffner überhaupt die mittelalterliche Gesellschaftsordnung findet: **Jedem war auf der gewaltigen Pyramide der mittelalterlichen Herrschaftsstände ein fester Platz und eine besondere Aufgabe angewiesen. Eine allgemeine Gleichheit kannte man nicht. (S.60/61)** Die Unterdrückten seinerzeit waren bewunderungswürdig: **Voller Bewunderung müssen wir heute anerkennen, daß die mittelalterlichen Menschen ein aufrichtiges Ja zu dieser Gesellschaftsordnung gesprochen haben. (...) Auch fühlte sich in der Blütezeit des Mittelalters niemand unterdrückt. (S.61)** Der Sklave und der Leibeigene an seinem gebührenden, weil gottgewollten Platz. **Auch der »gemeine Mann«, der Bauer, wußte um seine Aufgabe (S.61)** und sprach sein aufrichtiges Ja.

Gegen solcherlei überlegene Menschen wirkten die primitiven Heiden Lateinamerikas doch wie billige Amateure. **Pyramiden und Inka-Straßen kann man von Sklaven bauen lassen. Aber der Verfasser der »Summa theologica«, der Meister des Bamberger Reiters, die großen Ordensgründer, die Benediktiner- und Zisterziensermönche, denen das Abendland einen großen Teil seiner Kultur verdankt, und schließlich auch die Ritter, Mönche und Bauern, die das Werk der Ostsiedlung vollbrachten, können unmöglich seelisch unterjochte Sklavenmenschen gewesen sein. (S.61)** Ein paar lächerliche Pyramiden oder Inkastraßen hätten diese herrenrassigen Übermenschen nebenher als Hobbyarbeit gebaut.

Wenn die Sklaven wenigstens christliche Sklaven gewesen wären. Das ist doch egal? Keinesfalls! Vorher war der Sklave einfach Sklave für immer. Nach Einführung der Bibel aber war er nur Sklave auf Lebenszeit, nach dem Tode aber seinem Herren gleich, dank unserem lieben Heiland: **Diese wenigen Sätze tasten die Sklaverei nicht an und gestalten sie doch wesentlich um! Über den Sklaven und Sklavenhaltern steht Christus, ihr gemeinsamer Herr, der für beide gestoben ist, der beide erlöst hat. Damit hört der Sklave auf, bloß Haus- oder Ackergerät zu sein. Es bleibt gewiß noch eine starke persönliche Abhängigkeit, aber das ursprüngliche Wesen der Sklaverei ist umgewandelt. An sich wendet sich Paulus nur an die christlichen Sklaven und Sklavenbesitzer. (S.62)** Doch, wenn man wie Höffner konsequent weiterdenkt, steht auch dem Heidensklaven dieses süße Sklavenleben zu: **Da aber Christus für alle Menschen gestorben ist, stehen die christlichen Herren nunmehr auch ihren heidnischen Sklaven mit neuer, religiöser Verantwortung gegenüber. (S.62)** Ja, doch Sklaven bleiben Sklaven, so wie Persil eben Persil bleibt, denn **Ideen brechen aber niemals plötzlich ab. (S.69)** Im Gegenteil: **In neue Richtungen geleitet und vor neue Aufgaben gestellt, leben sie weiter. (S.69)** Trotz christlicher Verbrämung will unter uns Sklaven die Arbeitsfreude nicht so recht aufflackern: **Dieses innere Ja zum Tagwerk fehlt bei der Zwangsarbeit und erst recht bei der Sklaverei, auch wenn die Sklaverei durch christliche Auffassungen nach verschiedenen Seiten hin gemildert wird. (S.305)**

WEGEN DER VIELEN KLÖSTER UND BORDELLE

Wir sehen: Nicht aufhalten ließ sich das **zu unerhört großen Aufgaben aufgerufene Nationalbewußtsein der Spanier. (S.70)** Unter Mitwirkung der katholischen Kirche: **Der alte katholische Glaube und die stolze Treue zu ihm haben das Werden der spanischen Nation wesentlich gefördert. (S.71)** Und Gott schenkte den Spaniern erstklassige Führer: **Glücklicherweise wurden ihnen königliche Führer geschenkt, die ihnen den Weg zur Größe zeigten und vorangingen.** (S.73) Eine solche Führergröße war **Karl V.**, **ein kluger, verantwortungsbewußter und tiefgläubiger Fürst.** (S.73) Worin seine Klasse lag? Er überhob sich gern und **stellte sich und sein Volk sogar vor Aufgaben von solcher Schwere, daß sie über seine und Spaniens Kräfte gingen.** (S.73) **Er fühlte sich berufen, noch einmal als universaler Kaiser, vertrauend auf den Heldensinn des spanischen Volkes, das Schicksal des Abendlandes zu gestalten.** (S.73) Aber da hat er doch leicht danebengelangt. **An der Urgewalt der Verhältnisse mußte dieses Ideal scheitern.** (S.73) Große Führer, große Versager allüberall: **Und doch erscholl im 15. Jahrhundert mit neuer Inbrunst der Ruf nach Kaiser und Papst.** (S.31)

Sodann mußte er das spanische Heer bedeutend vergrößern. Spanien hat nämlich zu wenig Soldaten. Leider ist auch der Nachwuchs nicht ausreichend... (S.75) Der Grund für den Nachwuchsmangel lag darin, daß **Spanien wegen des heißen Klimas, wegen der vielen Klöster und Bordelle nicht so kinderreich ist wie die nordischen Länder.** (S.75) Homosexuelle Vermehrung ist selten, und Nutten vermeiden die befleckte Empfängnis nach Kräften. Aber die Unterschiede zwischen Spanien und uns haben auch Vorteile: **So kam es, daß sich die Mißstände, die in Mittel- und Nordeuropa zur Reformation führten, in Spanien längst nicht so auffällig breit machten.** (S.76)

Trotz vieler Klöster und Bordelle haben die Spanier genügend Stoßkraft übrig gehabt, um es den sittlich minderwertigen Pyramidenbauern kräftig zu geben: **Unter schwersten Opfern hatte das spanische Ideal der Rasereinheit und Rechtgläubigkeit gesiegt. Diese beiden Kräfte besaßen in Spaniens Goldener Zeit eine unvorstellbare Stoßkraft.** (S.83) Am spanischen Wesen sollte die Welt schließlich genesen. **Das stolze Spanien des Goldenen Zeitalters ist von dieser ungeheuren Aufgabe nicht zurückgeschreckt.** (S.131) Wie schon vor einer anderen nicht, der **spanischen Inquisition (...), die bekanntlich eine nationalspanische Angelegenheit war.** (S.81)

Man sollte ihnen dankbar sein dafür. **Heute sind diese ehemaligen Jagdgründe der Indianer durch die Initiative des weißen Mannes zu einem der reichsten und mächtigsten Wirtschaftsräume der Welt geworden. (S.92)** Einer der reichsten und mächtigsten Wirtschaftsräume? Brasilien, Mexiko etc., die Bankrottländer mit den höchsten Schuldenbergen der Welt? Sollten die Inkas und Azteken den Spaniern ebenso dankbar sein wie die nordamerikanischen Indianern den Weißen, die aus ihren Jagdgründen sogar den allermächtigsten Wirtschaftsraum der Welt gezaubert haben?

Außerdem hatten die Wilden nichts besseres verdient als die spanische Knute, denn **es barg sehr viel Grausames und Unheimliches in der Seele dieser Völker. (S.110)** Es ging dort zu wie in kommmunistischen Zwangsstaaten: **Man hat die aztekische Regierungsmethode eine »planmäßige Zerstörung der Eigenart des einzelnen« genannt. (S.94) Einen gesunden Ausgleich diesen kollektiven Tendenzen gegenüber schuf vor allem das einfache, aber innige Familienleben des Aztekenvolkes. (S.95)** Gegen Sozialismus mußten die Spanier, seinerzeit Weltpolizei, eintreten. Denn: **Es kann Ideen geben, die derart destruktiv sind, daß sie eine Todesgefahr für die gesamte gottgesetzte Wertordnung und insbesondere für alle Formen des Gemeinschaftslebens darstellen, etwa Ideen, die zur Vernichtung von Staat und Familie oder zur Entpersönlichung, Vermassung und Versklavung der Menschen führen. Hier hat die sogenannte Gewissensfreiheit in ihrem eigenen Interesse ein Ende. (S.304)**

DIE DUMPFE VERMASSUNG DES VOLKES

Höchste Eisenbahn wurde es vor allem im Falle der **Inka-Herrschaft. (S.103) Die Inkas waren rücksichtslos wie alle Eroberervölker. (S.104)** Das fanden die Spanier vielleicht gerade noch sympathisch. Aber diese roten Tendenzen: **In Wirtschaft und Verwaltung des Inka-**

reiches hatte der ausgeprägteste Agrarkollektivismus und Staatssozialismus Gestalt angenommen. (S.104) **Die Inkas (...) errichteten (...) ihr (...) staatssozialistisches System. (S.104/105)** Dort ging's ganz so zu wie in der Zone. **Auch die freie Wahl des Berufes oder Arbeitsplatzes war ausgeschlossen. (S.107)** War das damals in Spanien oder in deutschen Landen eigentlich anders? **Der einzelne ging in der Gesamtheit unter. (S.107)** Schwul waren sie auch noch: **Infolge der häufigen Einziehung der Männer zum Kriegsdienst, zum Straßen- und Festungsbau und zu sonstigen Fronarbeiten scheint die Homosexualität weit verbreitet gewesen zu sein. (S.107)** Schwul wegen Straßenbau? Überhaupt stand die Perversion in hohem Ansehen: **Besonders der Inka besaß einen großen Harem. (S.108)** Selbst die sehr einseitige Behauptung, wir Weißen hätten Geschlechtskrankheiten eingeschleppt und verbreitet, darf bei Höffner nicht im Raume stehen bleiben: **Es wird auch behauptet, daß die Syphilis »schon lange vor der Ankunft der spanischen Konquistadoren« im Inkareich verbreitet gewesen sei. (S.107/108)**

Wem dieses Horrorgemälde noch keinen Schreck einjagt, der setze sich jetzt zur Sicherheit hin und lese bei Höffner: **Die furchtbarste Folge der Inkaherrschaft war wohl die allgemeine dumpfe Vermassung des Volkes. (S.108)**
Es wurde Zeit, daß ein agiles Volk sich der Primitiven annahm. **Waren die Spanier des Goldenen Zeitalters an sich schon der körperlichen Arbeit nicht sehr hold, so hielten die Abenteurer in Übersee (...) erst recht jede ordentliche Beschäftigung für unter ihrer Würde. (S.134)** Was tun? **Man überließ deshalb den Eingeborenen die Arbeit, beutete sie sogar schamlos aus, ohne freilich, wie wir schon betonten, von einem fanatischen Rassenhaß erfüllt zu sein. Nahmen sich doch manche dieser Abenteurer indianische Frauen. (S.134)** Das stimmt versöhnlich: ein bißchen Ausbeuten, aber halb so schlimm, manche Heidenfrauen durften den Spaniern sexuell zu Willen sein. Und Rassenhasser war man auch nicht, naja, wenigstens kein fanatischer. **Immerhin bestand zwischen Spaniern und Indianern kein tödlicher, von Vernichtungswillen erfüllter Rassengegensatz. (S.134)** Wem haben wir soviel Menschlichkeit und Edelmut zu

verdanken? **Mildernd hat hier vor allem die katholische Kirche einge-
wirkt. Sie hat erreicht, daß die indianische Rasse in Süd- und Mittel-
amerika erhalten geblieben ist. (S.134)** Da man eine Rasse nur durch
Apartheid rein- und erhalten kann, hat sich die katholische Kirche
natürlich auch um sie verdient gemacht. **Natürlich hat auch die
katholische Kirche die Rassenmischung nicht befürwortet... (S.134)**

Arme Indianer: **Zur Sünde und zur geistig-sittlichen Minderwertig-
keit trat noch die Kriegsgefangenschaft. (S.64)** Dabei stand auch die
spanische Regierung eigentlich auf Seiten der Humanität: **Wenn die
spanische Regierung die Zwangsarbeit auch anerkannte, so trat sie
doch immer wieder für eine gerechte Behandlung der Indianer ein.
(S.138) In der Tat dürfte der Arbeitszwang nicht der eigentliche Grund
für den Rückgang der indianischen Bevölkerung gewesen sein(S.139)**

Eine ganze **Fülle von Fragen stürmte auf das christliche Gewissen
ein... (S.145)** Eine wichtige einstürmende Frage war: **Darf man
nach christlicher Auffassung Völker, die niemandem ein Leid getan,
zu Knechtschaft und Zwangsarbeit verurteilen? (S.147)** Nicht, daß
ich mir da sicher wäre, aber: **Man wird wohl annehmen müssen, daß
auch die Dominikaner im Laufe der Zeit zu der Überzeugung
gekommen waren, daß eine Christianisierung ohne dauernde Beeinflussung der Indianer nicht möglich sei. (S.156)** Beeinflussung, was!?
Und wer nicht hören will, muß fühlen. Meint das auch der Papst?
**Rechtliche Grundlage des ganzen Unternehmens ist die Autorisation
durch den Heiligen Stuhl. (S.165)** Man möchte folgern: **Die kriegeri-
sche Unterwerfung der Heiden dient also dem Missionswerk. (S.170)**
Wir ahnten schon: **Ziel jeden Krieges ist die Besiegung und Wehrlos-
machung des Feindes. (S.60)** Ist das nicht eine schöne Übersetzung
für das Fremdwort »Missionierung«? Und wenn missioniert wird,
muß der Pope das gut finden. **Ohne päpstlichen Auftrag darf freilich
niemand das Missionswerk beginnen. (S.172)** Da müssen wir Katholen zusammenhalten. **Gewiß ist jenes Zusammengehörigkeitsbe-
wußtsein etwas Geistiges und kein blinder biologischer Trieb...
(S.201) So zogen (...) die Expeditionen aus, die neue Gebiete erfor-
schen und frisches Menschenmaterial herbeischaffen sollten. (S.146)**

Bevor wir am Ende feinfühlig werden: Erstmal richtig aufräumen bei den gottlosen Heiden. **Es waren umfangreiche Aufräumungsarbeiten erforderlich, ehe man mit dem Aufbau einer systematischen Kolonialethik beginnen konnte. (S.223)** Aber **ohne mühselige Arbeit ist auf Erden noch nie etwas Großes vollbracht worden. (S.305)** – man erinnere sich daran, wie die Spanier zur Arbeit standen!

ANDERS DIE NEGERFRAGE

Nach welchen Prinzipien muß beim Bekehrungswerk vorgegangen werden? (S.270) Erstmal brauchen wir einen Kernsatz, mit dem sich gelegentliche Entgleisungen im voraus entschuldigen lassen: **Macht ist also notwendig in dieser Welt. (...) denn es wäre verhängnisvoll, wenn man in diesem Äon zwischen Pfingsten und dem jüngsten Tag die Gewalt bloß den Mächten der Finsternis überlassen würde. (S.304)** Die verdammten Kommis haben schon viel zuviel Macht. **Es erübrigt sich, darauf hinzuweisen, daß die allgemein gültigen Kriegstitel auch den Barbaren gegenüber anwendbar sind. (S.257)** Wir können uns nicht aufhalten lassen. Sicher, **dem Krieg als solchem wohnt das Gesetz der skrupellosen und äußersten Gewalttätigkeit inne. (S.269)** Aber **diese Tragik ist nun einmal dem Kriege wesensgemäß. (S.267)** Wir katholischen Chefideologen würden natürlich niemals, aber...: **Es ist nicht die Schuld der spanischen Theologen gewesen, wenn trotzdem eine unmenschliche, barbarische Kriegsführung in der Alten und der Neuen Welt in Übung blieb. (S.269)** Die Erbsünde trägt die Verantwortung für den Krieg. **In der unter der Last der Erbsünde seufzenden Menschheit wird der Friede nur unter größten Opfern erhalten werden können... (S.301) Hier birgt sich eine tiefe Wahrheit. (S.302)**

Diese Übung war leicht. **Anders die Negerfrage. (S.272)** Denn im eroberten Land **begann nunmehr der eigentliche Sklavenhandel, der ein Negerhandel war. (S.66)** Selbstverständlich waren die Portugiesen schuldiger als die Spanier. Lassen wir das. **Wie ist nun der Neger-handel ethisch zu beurteilen? (S.277)** Halb so wild, denn auch die Neger haben sich – Rechtfertigung genug für uns - selber Sklaven gehalten. Und sich sogar ein bißchen geschämt. Man berichtete: **Auch sei es den Negern unangenehm, wenn man sie frage, woher sie ihre Sklaven hätten. (S.274)** Was sie dann sagen, hören wir uns sowieso nicht näher an. **Den Erzählungen der Neger selbst braucht man nicht zu glauben. (S.279)** Überhaupt sollten wir das Thema unter den Teppich kehren. Denn **neue Probleme tauchen auf, wenn man nach den Sklavenpreisen fragt. (S.278)** Und sollten wir nicht ein bißchen Verständnis zeigen für die bordell- und klösterüberfluteten Spanier? **Wir machten schon darauf aufmerksam, daß die Eingeborenenpolitik im spanischen Kolonialreich an erster Stelle vom Ringen mit dem Arbeitermangel bestimmt worden ist. Daher das Commendensystem und die Negereinfuhr. (S.270)** Irgendeiner muß sich ja auch darum kümmern. **Wie der gesamte Amerikahandel wurde auch die Negereinfuhr zum Monopol der spanischen Krone erklärt. (S.141)** Einige Pfaffen nahmen Stellung. **Auch Dominikus Soto hatte sich zum Negerproblem geäußert. (S.272)** Wer immer nur über die Sklavenhalter meckert, sollte ganz objektiv sehen: **Andererseits trat man selbstverständlich auch in der überlieferten Weise für die Menschen- und Christenwürde der Sklaven ein. Sie durften heiraten. (S.271)** Mal ehrlich, so schlecht kann's den Negersklaven nicht gegangen sein.

Die Wilden brauchen die Peitsche. **Wägt man Freiheit und Zwang gegeneinander ab, so kam (...) dem Zwang die größere Bedeutung zu. Praktisch war es wohl bei diesen Menschen nicht anders möglich. - Eine ganz ähnliche Erscheinung dürfte in den Jahrzehnten vor dem Weltkriege die Zwangsarbeit der Eingeborenen beim Eisenbahnbau gewesen sein. Wies man doch auch damals darauf hin, daß der Eisenbahnbau für die Eingeborenen von Nutzen sei; er habe sich nämlich »als ein geeignetes Mittel erwiesen, sie zu einer planmäßigen Tätigkeit zu erziehen.«(S.283)** Wir sehen, der Zwang, den die Spanier im Goldenen Zeitalter auf die Barbaren angewendet haben, muß zu lasch gewesen sein, sonst wäre die Erziehung durch Zwangsarbeit vor dem Weltkrieg zur Auffrischung nicht nötig gewesen. Manche lernen eben langsamer ...

DIE WILDEN, DIE MAN BEVORMUNDEN MUSSTE

Weder der Unglaube noch die heidnische Lasterhaftigkeit konnten die Freiheit und Unabhängigkeit der Eingeborenen beeinträchtigen. Das bedeutet viel. (S.225) Das nennc ich wirklich großzügig. Eigentlich waren sie also frei und unabhängig. **War der heidnische Kult unterdrückt, so galt es, die Seelen für Christus zu gewinnen. (S.294)** Auch dabei ging man behutsam vor. **Auch der weiteren Forderung der Scholastiker, niemanden zum Glauben zu zwingen, sondern erst nach genügender Unterweisung das Sakrament der Taufe zu spenden, kam man nach. (S.294) Der regelmäßige Besuch des Taufunterrichts sowie die Teilnahme am Katechismusunterricht waren vorgeschrieben. (S.295)** Man wurde nur zum Auswendiglernen des Glaubens gezwungen, nicht zum Glauben selbst. Zudem fanden die Primitiven sofort Geschmack am Niveau des katholischen Kultes. **Der Gottesdienst wurde mit höchster Prunkentfaltung gefeiert. Orchester und Gesang, Prozessionen und Wallfahrten, Mysterienspiele und theatralische Aufführungen sowie alle anderen Formen des Kultes machten den Indianern solche Freude, daß die Provinzialkonzilien mehrmals »private« Beerdigungen, Messen und Prozessionen verbieten mußten. (S.295)** Über die Wirkungen des katholischen Remmidemmis auf die pyramidenbauenden Barbaren hieß es damals: **Hätten sie den Glauben einmal richtig erfaßt, so könnte man sich auch auf ihre Standhaftigkeit verlassen. (S.92)**

Der passive, genügsame und harter Arbeit ungewohnte Indianer hätte Amerika wohl nie wirtschaftlich erschlossen. (S.302) Er brauchte den passiven, harter Arbeit ungewohnten Sklaventreiber aus Spanien samt seiner katholischen Ideologie. **Vielleicht sind die**

religiösen, kulturellen und wirtschaftlichen Ziele (...) zu hoch (...) gewesen, gemessen an der sorglosen Arbeitsscheu und Naivität jener Wilden, die man auf Schritt und Tritt bevormunden mußte. **Trotz dieser und anderer Bedenken haben die Reduktionen, wie heute immer mehr anerkannt wird, Großes erreicht.** (S.307) Man mußte diese Naturkinder bevormunden, und geschadet hat es ja nicht. Für die Notsituation der Spanier sollten wir ein bißchen Verständnis entwickeln. **Alle Zwangsmaßnahmen, besonders die religiösen, sollten diesem Ziele dienen, also nur vorrübergehende Notmaßnahmen sein.** (S.307) Mal ehrlich, was hätten sie denn tun sollen? Nach Hause fahren, zu ihren Klöstern und Bordellen? Die Wilden sollen sich nicht so anstellen, es war eigentlich nur gut gemeint und nicht für immer. **Die Spanier weilten ja bloß als Gäste unter ihnen.** (S.270)

In echt spanischem Idealismus träumte man vom Triumpf des Christentums auf dem ganzen Erdkreis und von der einen in Frieden und Freiheit lebenden christlichen Völkerfamilie, die alle Nationen der Welt im wahren Glauben vereinigen werde. (S.307) Wer nicht von alleine mitmachen wollte, wurde halt ein wenig ermuntert. Schließlich hatten wir es mit perversen, primitiven, sittlich-moralisch zurückgebliebenen, grausamen Barbaren zu tun. **Auf den Gedanken, das Christentum als eine Erfüllung und Vollendung der heidnischen Sehnsüchte den Eingeborenen näherzubringen, ist man leider nicht gekommen.** (S.293) Bei uns ist in den letzten Jahren – glücklicherweise – immer öfter jemand auf den Trichter gekommen, das Christentum als Sehnsuchts-Befriedigung für Primitive zu sehen. **So liegt denn auf der Heidenmission Amerikas trotz der großen äußeren Erfolge eine gewisse Tragik.** (S.296) Seufz....

Dr. Rita Süßmuth

EIN WESEN ZWISCHEN ZEIT UND EWIGKEIT

Jedem Menschen haftet die Kindheit und Jugend an. (S.157) Auch Rita kann sich nicht von den Zeiten pubertär schwülstiger Aufsätze lösen, wenn sie **das Menschsein des Kindes (S.179)** zu untersuchen unternimmt. **Der Gedanke der Kindwerdung (S.27)** reizt sie vor allem, doch ihr **Reinheitsverlangen (S.24)** läßt sie in Fragen der Werdung des Kindes nicht ohne **Kindheitsdeutung (S.25)** und **Kindheits-konzeption (S.34)** auskommen. In dieser liebevoll akademischen **Kindheitszuwendung (S.34)** zeigt sich Kindertante Ritas **Perfektibili-tät (S.18)**: sie rollt **das Menschsein des Kindes (S.12)** in aller **Kindge-mäßheit (S.12)** auf.

Ihre Wissenschaft ist die **Kinderkunde (S.98)**, eine gefühlstrie-fende Disziplin, die **entscheidend zur Beachtung des Kindes und damit zur Kindwerdung des Kindes beitrug. (S.9)** Kindsein ist dann wohl die Folge von Kindwerdung, Menschsein das Ergebnis von Menschwerdung, aber vielleicht hat Rita noch ein paar andere Wer-dungen zur Hand?

Versuchen wir die einfachste Version zu verstehen, **das Werden zum Kind... (S.43)** Es **bringt eine immerwährende Geburt eine immerwährende Kindheit hervor. (S.72)** Nun ist die immerwährende Geburt recht selten, wie Rita von einer Kommilitonin der medizini-

»Studien zur Antropologie des Kindes in der französischen Literatur der Gegenwart unter besonderer Berücksichtigung François Mauriacs«. Philosophische Fakultät der Uni Münster, 1964, (hingeschwulstet im Alter von 27 Jahren). Umfang: 225 Seiten

schen Fakultät hätte erfahren können. Doch Rita bleibt unbeeindruckt von jeglicher Aufklärung. Trotzdem glaubt sie tief an die Dauergeburt, denn **Zuversicht und unbedingte Gewißheit entspringen der Hoffnung des Kindes. (S.72)** Damit qualifiziert sie sich als Kindskopf. Und als Trotzkopf obendrein, denn **das Ich erweist sich als einziger Halt gegenüber den zersetzenden Faktoren der Zeit. (S.38)** Die profane Realität verursachte immer schon aufs Schlimmste **die Gefährdungen des Wunderkindes. (S.24) Das Normalkind (S.190)** zerbeißt spätestens jetzt Ritas langweilige Dissertation und geht raus, spielen. So war es schon immer: **Vom Kind geht der Aufruf zu einer geistigen Erneuerung aus. (S.6)**

DER URSTAND DES MENSCHEN

Haken wir nochmal bei dem Menschsein nach. **Das Menschsein des Kindes wird greifbar im repräsentativen Einzelfall. (S.144)** Dem greifbaren repräsentativen Normalkind **ist es versagt, einen Menschen sein eigen zu nennen. (S.190)** Da schaffen Eisenbahn und Barbie-Puppe keinen gleichwertigen Ersatz. **Die Ausgliederung des Kindes aus dem Raum des erwachsenen Lebensvollzuges (S.9)** hat stattgefunden. Erwachsene mögen zwar Menschen besitzen, z.B. die ihnen leibeigenen eigenen Kinder. Aber für dieses kleine Privileg bezahlen sie den hohen Preis der Sterblichkeit. Da kommt Neid auf, denn **Kindheit bedeutet Leben und in einem weiteren Sinne Unsterblichkeit. (S.68)** Folge: **Die Ausschau nach der Kindheit und das Verlangen, sie nicht zu verlieren, stehen im Zusammenhang mit dem Selbstverständnis des Menschen der Gegenwart. (S.42)** Klar, daß jeder unsterblich sein will, vor allem die Menschen der Gegenwart, denn **das bessere Ich ruht in einer entfernten Zeit. (S.5)**

Ist das unsterbliche Kind gut? Nein, **die Unaufrichtigkeit im Lebensvollzug des Kindes (S.186)** ist für den Erwachsenen nicht zu übersehen. Diese Unaufrichtigkeit tragen die Erwachsenen den Kindern ewig nach: **Das Vergangene geht unmittelbar und mittelbar als Bedeutungseinheit in die Gegenwart ein. (S.96)** Schlechte Karten für Kinder, denn **die Erinnerung ist der Zeit überlegen. (S.103)** Wie wir sehen, ist die Kindwerdung des Kindes nicht so leicht, aber haben uns gelegentliche Ohrfeigen geschadet?

Das geschaute Kindheitsparadies (S.41) ist voller Unschuld, und **die durch nichts vermittelte Unschuld des Menschen entspricht der Urstandsgnade im Paradies. (S.79)** Was weiß Ritas Kinderkunde noch zur Urstandsgnade zu sagen? **An der Taufunschuld hat der Erwachsene, der sie bewahrt hat, denselben Anteil wie das Kind. (S.79)** Mitten im unaufrichtigen Lebensvollzug lernt das Kind zu teilen, wenn schon nicht die Unsterblichkeit, so immerhin die Taufunschuld. Sehr nett, **am Kind wird die Liebeshaltung in unverfälschter Form sichtbar. (S.151)** Allerdings: **Ungeklärt bleibt, woher das Böse kommt. (S.84)**

Weiter mit der Kinderkunde in Tante Ritas Kinderstunde. Das Normalkind hat **Vorzüge wie Lebensunmittelbarkeit, schöpferische Aktivität, Ungezwungenheit, sicheres Gespür für die wesentlichen und unwesentlichen Dinge... (S.206)** Hier werden offenkundig Eigenschaften angesprochen, die das Kind zumindest mit Rita nicht teilt. Hinzu kommen **Einfachheit der Gedanken und des Verhaltens... (S.206)** Da kann Rita wieder mithalten.

Ein Erwachsener kann schlecht Kind sein. **Eine Ausnahme bildet der Künstler, der für sich in Anspruch nimmt, mit der Kindheit unmittelbarer verbunden zu bleiben und daher glaubt, in besonderer Weise Aussagen über die Eigenart des Kindseins machen zu können. (S.207)** Mit ihrer Vielzahl von besonderen, vor allem besonders mißglückten Aussagen über die Eigenart des Kindseins hat sich Rita als Künstlerin qualifiziert, ausgesprochen kindisch und damit beinahe unsterblich. Noch ein kurzer Blick auf den Lebensvollzug eines verwandten kulturschaffenden Berufstandes: **Der Literat betrachtet den Menschen in konkreten Situationen seiner Existenz, erhellt einmalige und typische Züge menschlichen Verhaltens, verweilt bei der Dis-**

krepanz zwischen der Bestimmung des Menschen und seinem realen Lebensvollzug. (S.2) Rita fühlt in sich zweifelsfrei die Bestimmung zur Literatur, wird aber wohl ihr gesamtes Leben bei der offensichtlichen Diskrepanz zum eigenen realen Lebensvollzug verweilen. Schließlich ist sie **ein Wesen zwischen Zeit und Ewigkeit, mehr dem Ewigen als dem Zeitlichen verbunden. (S.69)** Vor allem ihr Gelaber zieht sich ewig hin und raubt uns unsere knappe Zeit.

Besonders viel Zeit geht nun dabei drauf, den folgenden Satz wenigstens halbwegs zu kapieren: **Die verstehende Selbstdarstellung gelebten Lebens aktualisiert die Fähigkeit und Möglichkeit des Menschen, sich zu erinnern. (S.95)** Erinnern wir uns: **Erinnerungen ist mehr der nach innen als der in die Zeit gerichtete Blick. (S.103)** Und was sehen wir nun im erinnernden Erinnern, nachdem wir uns kaum erinnern konnten, wann etwas passiert ist? Den **Urstand des Menschen... (S.69)** Na, das hätten wir fast vergessen! **In diesem Sinne wirkt die Erinnerung dem Verlust entgegen. (S.111)** Verlust an Kindwerdung, Verlust an Unsterblichkeit, Verlust an irgendeinem Lebensvollzug? Dem Verlust an Durchblick wirkt Ritas Innereien-Schau bestimmt nicht entgegen. Das ist mit dem tantigen Wischiwaschi auch gar nicht geplant, **denn mit der Sprache des Diesseits wird auch die Welt des Jenseits erfaßt. (S.69)**

AUS DEM FLUSS DES LEBENSGANZEN

Die Kindheit enthält Elemente der Dichtung: (...) die Schaukraft, die Magie, das unmittelbare Einssein mit den Dingen, den Zugang zum Übernatürlichen und Unbewußten. (S.40) Doch vergessen wir nach dieser etwas schwammigen Nummer aus der Abteilung New Age nicht: **Unaufrichtigkeit und Falschspiel sind nicht nur Züge des Erwachsenen... (S.174)** Gegen falschspielende Kinder hilft auch die immerwährende Geburt wenig. **Der Geist der Kindheit bezieht sich (...) auf das Lebensganze. (S.67)** Da bringt **die Entgegensetzung von**

Reinheit und Leidenschaft (S.66) nichts, läßt sie doch **das Problem der aufrichtigen Gefühle, des unverfälschten Sich-Darlebens (S.184)** unberührt. Hoffnung muß her, denn nur **die Tugend der Hoffnung entspricht dem Gnadenstand der Kindheit, fortdauernd, ohne Anfang und Ende. (S.72)** Zur Hälfte entspricht also auch Ritas höchst langweilige Dissertation dem Gnadenstand der Kindheit, scheint sie doch auch »ohne Ende«. **Das Kindsein vollzieht sich hier und jetzt. Es ist auf eine nie endende Gegenwart bezogen. (S.72)** Neben der unendlichen Gegenwart haben Vergangenheit und Zukunft auf der Zeitachse keinen Platz. Die Abschaffung von Vergangenheit und Zukunft gelingt nur dem Unschuldigen, aber leider: **Der Gnadenstand der Unschuld läßt sich begrifflich nicht fassen (S.76).** Über begrifflich Unfaßbares schwafelt Rita am allerliebsten, da braucht man sich bei der Formulierung nämlich keine Mühe zu geben. Wie sollen wir uns eigentlich die vielbemühte Unschuld vorstellen? **Die Unschuld ist unvorstellbar und unableitbar, ein Geheimnis, das sich Gott nicht entreißen läßt (S.76/77),** wahrscheinlich, weil er **jeglichen Kindheitskult ablehnt... (S.42)**

Da imitieren wir doch einfach jenen Gnadenstand. **Unschuld, Hoffnung und Vertrauen sind als Gnade des Urstandes unnachahmbar. (S.72)** Zudem sind prominente Leute verwickelt: **Zwischen die erste und die zweite Unschuld trat der Kreuzestod Christi. (S.77)** Nicht ohne Folgen: **Daher entfällt in dieser Zeit der Bezug zur Kindheit. (S.36)**

Für **die Existenzgewinnung (S.179)** ist damit wenig getan, wir suchen noch immer den **Bezug zum Geist der Kindheit. (S.24)** Schon haben wir wieder Probleme, diesmal sogar Grundprobleme, denn **die Grundproblematik menschlicher Existenz, die Wahl zwischen Gott und Welt, wird auch hier wieder angesprochen... (S.64)** Rita entscheidet sich für Gott, weil bei weltlichen Dingen zuviel Grips erforderlich wird. Hofft sie so auf **die Bewahrung der Taufunschuld (S.25)?**

Aber unsere Perfektibilität erwartet eine **Darstellung des Kindes,** die vom konkreten kindlichen Lebensvollzug ausgeht. (S.12) In ihr haben Begriffe wie Ursprünglichkeit, Spontaneität, Heiligkeit, Unschuld und Reinheit ihren Ort. (S.7).

Meist hält sich das Normalkind glücklicherweise bei seiner Familie und somit bei seinen Ahnen auf. **Die Familie stiftet die Verbindung zu den Vorfahren ... (S.111)** Und lernen kann man in der konservativen Familie besonders viel: **Die überlieferten Ideen bilden das Fundament für das Leben jeder Generation. (S.111) Die jeder Generation vermittelten und von ihr erinnerten Gehalte stellen das Bleibende im Fluß der Erinnerung dar. (S.111)** Glück wird irgendwo im Fluß des Lebensganzen als unterbewußtes Treibgut hochgespült, der Fluß der Erinnerung jedoch überrascht uns mit Bleibendem, wie zum Beispiel erinnerten Gehalten.

Beschäftigen wir uns mit Ritas Methode, zu so vielen weltbewegenden Einsichten zu kommen. **Wie das Kind tritt der Dichter aus der vorgegebenen Wirklichkeit heraus und versenkt sich in die geschaute Wirklichkeit. (S.40)** Ja, mit der vorgegebenen Wirklichkeit hat Ritas sentimentaler Schmus wirklich wenig zu tun, eher wohl mit der geschauten Wirklichkeit, Ritas privater Märchenwelt pubertärer Tagträume. **Das in der Kindheit Wahrgenommene und Erfahrene wird durch die Sprache unter Aufhebung von Raum und Zeit gegenwärtig und in dieser zweiten Erfahrung bewußt und deutend verarbeitet. (S.129)** Wer jenseits von Zeit und Raum über die Kindheit schreiben will, braucht Themen. **Ein häufig wiederkehrendes Thema bilden kindliche Konfliktsituationen. (S.3)** Nein Rita, das ist nun doch ein wenig zu einfallslos. Als Entschuldigung mag gelten, daß sich annähernd die gesamte Weltliteratur mit der Darstellung von Personen in Konfliktsituationen befaßt. Doch **der literarische Zugang zum Kinde erfolgt aspekthaft (S.144),** denn erstmal mußte der eine oder andere **Ansatz (...) für die pädagogische Fragestellung fruchtbar gemacht (S.98/99)** werden. Denn vergessen wir vor lauter Offenbarmachung irgendwelcher Ansätze, Lebensvollzug und Gnadenstand nicht: **Kindheit ist stets im Werden begriffen und jeweils neu zu verwirklichen. (S.43)** Da wirkt besonders beruhigend: **Durch die Geburt Christi wurde die Sünde gebrochen. (S.90)**

Dr. Edmund Stoiber

Infolge Alkoholgenusses besinnungslos

»Der Hausfriedensbruch im Lichte aktueller Probleme« (Titel), das hört sich gut an. Aber es bleibt bei der großen Ankündigung. Im Text geht der stromlinienförmige Stoiber dann überhaupt nicht auf die zu Zeiten der 68er-Studentenrevolte sehr aktuellen Probleme des Hausfriedensbruchs (durch protestierende Studenten oder knüppelnde Polizei) auf dem rechtlich geschützten und besonders »gewidmeten« Unigelände ein. Wahrscheinlich war es so: **Im Rahmen dieser Arbeit kann jedoch dieser aktuellen Frage nicht weiter nachgegangen werden. (S.161))**

Wollen wir uns erstmal genau sagen lassen, worum es geht: um die **Innehabung (S.52)** des Durchblicks, denn erst wenn ich innehabe, bin ich Inhaber einer Innehabung. **Selbst wenn man im Einzelfall die Grenzen des Tatbestandes ohne genaue Kenntnis des Rechtsgutes abstecken kann, ist das Rechtsgut immer ein geeigneter Gradmesser für die Richtigkeit der gefundenen Lösung. Weil aber der Inhalt des geschützten Rechtsgutes gerade bei 123 StGB keineswegs als gesichert angesehen werden kann – inhaltlich werden die verschiedensten Ergebnisse vertreten – ist es wegen der überragenden Stellung des Rechtsgutes für die Auslegung einer Strafrechtsnorm erforderlich, das Wesen und in gewisser Weise auch den umstrittenen Begriff des Rechtsgutes sowie dessen Bestimmungsmethodik herauszuarbei-**

»Der Hausfriedensbruch im Lichte aktueller Probleme«
vorgelegt der Hohen Juristischen Fakultät München von Edmund Stoiber, 1971, (zur Qual der Nachwelt im Alter von 30 Jahren). Umfang: 183 Seiten

ten. (S.3) Das klingt immerhin schlau. Leg los, Ede! Und wirklich, **unter dem Leitstern der aufgeführten Fälle (S.3)** macht sich Stoiber als so eine Art vierter Weiser aus dem Morgenland auf den Weg. **Da der Sitz der Probleme im Deliktsaufbau häufig ein verschiedener ist (S.3)**, und auch Stoiber häufig ein verschiedener ist, müssen wir erstmal schnallen, was der **»Hausfriede« (S.9)** eigentlich ist. Etwas Urgermanisches: **Maßgeblicher Ausgangspunkt, ihn in seiner heutigen Geltung zu bestimmen, kann nur die Gesellschaftsordnung sein, die ihn prägte und entwickelte, nämlich die germanische. (S.9)**

HERUMBASTELN AM RECHTSGUT

Stoiber klärt uns auf, **daß der einfache Hfb heutiger Prägung eine Weiterentwicklung der gewaltsamen Heimsuche ist... (S.10)** Dieses fortschrittlichste Produkt der Heimsuchungsforschung, der Hfb, soll die Hauptrolle in dieser netten Geschichte spielen. **Die Gründe, die dafür sprechen sind erdrückend. (S.6)** Erdrückender Grund war wohl, daß sich dieses schlichte Thema besonders rasch und ohne Aufwand abfrühstücken ließ. Nun müssen erstmal ein paar schmissige Definitionen her, denn: **Notwendigerweise muß jede Auslegung beim Wort anfangen; nicht aber deshalb, weil dadurch erst das Rechtsgut festgestellt werden müßte, sondern weil nur die Wortinterpretation die Grundlage für die Frage nach dem tatbestandlichen Schutz des Rechtsgutes abgeben kann. (S.81)** Aber leider sind Worte nur Schall und Rauch, **denn der gleiche Terminus muß nicht das gleiche bedeuten. (S.52) Wir haben nunmehr den Sozialwert Hausfrieden als einen wehrhaften Zustand erkannt, der unter den Oberbegriff »Privatsphäre« fällt, die der Mensch benötigt, um »das Allgemeinmenschliche in sich zu origineller Entfaltung zu bringen. (S.21)** Auch unser Landesfrieden ist ja wehrhaft und ohne Abschreckung nicht zu denken. Obwohl diese Anspielung zugegebenermaßen fehlgeht, **da der 123 StGB im wesentlichen die Wohnung des Menschen im Auge hat... (S.21)** Im Auge des Paragraphen liegt die Wohnung des Menschen. Wenden wir uns zur Abwechslung den Tatsachen zu: **Nun war der tatbestandliche Schutz des Hausfriedens (...) ein äußerst vielgestaltiger (S.12)** und dieses Beispiel des Stoiber-Deutsches ein wunderbares. Was allerdings die Privatsphäre sein soll, weiß Ede nicht. **Nun ist aber die Privatsphäre als solche unprofiliert und kein einheitliches Gebilde, sondern nur durch einzelne anerkannte Erscheinungsformen umrissen ... (S.47)**

Das Rechtsgut erklärt Stoiber recht gut: **Denn ist das Rechtsgut kein Gut des Rechts, sondern ein Lebensgut, so kann das geltende Recht, zumindest nicht allein, das Rechtsgut nicht festlegen, sondern nur den Umfang des Schutzes. (S.7)** Da kann er sich, zumindest nicht allein, nicht festlegen, sonst **könnte der Gesetzgeber Rechtsgüter gebären (S.7)** und das würde doch eine sehr ungermanische Schwangerschaft voraussetzen. Und **dieses Herumbasteln am Rechtsgut (S.32)** muß vermieden werden. Es stört die Harmonie in Stoibers Modelleisenbahn: **da der Sozialwert die Weiche für das Rechtsgut ist (S.19)** und trotz Weiche noch keine Schranke zum Zug gekommen ist, weil die Schranke zu vergeistigt ist: **Andererseits hat aber das Gewaltelement durch die Vergeistigung der Schranke viel an Ursprünglichkeit verloren. (S.96)** Das ist aber nicht immer der Fall, wenn **der Mensch als Wertträger des Hausfriedens (S.17)** in die Knie geht. **So gibt es Fälle, in denen sich die subjektive Haltung des Täters in dem objektiven Geschehen widerspiegelt, folglich für den objektiven Beobachter erkennbar ist. Denken wir nur an Bankräuber, die mit anwendungsbereiten Waffen die Schwelle des Bankeingangs überschreiten oder an den Gast, der schon beim Eintreten in die Gastwirtschaft zu erkennen gibt, daß er nicht wegen des Verzehrs von Speisen etc. eintritt, sondern zum Zwecke des Randalierens. Hier liegen Grenzfälle vor, bei denen zwar auch die subjektive Haltung bzw. der widerrechtliche Zweck das Entgegenstehen des Willens ausmacht, aber hier manifestiert sich bereits die subjektive Tendenz im objektiven Geschehensablauf und birgt somit das erforderliche objektive Überwindungselement in sich. (S.97)** Aber wer will das entscheiden? **Die Abgrenzung, wann das der Fall ist, kann sich im einzelnen als schwierig erweisen, weil sich dafür als Kriterium nur die Sozialtypik** und die Schwere des Verstoßes anbieten, den für die Überwindung erforderlichen Grad des Verstoßes zu gewinnen. (S.137) Trotz sonstigen Versagens hat Edmund immerhin einen Grad gewonnen.

DAS STATISTISCHE FÜR-DICH-SEIN IN DER BEGRIFFLOSEN WEITE

Der Landstreicher, der einen den Erfordernissen des befriedeten Besitztums entsprechenden Neubau für seine Nachtruhe aufsucht begeht einen Hfb, aber er verletzt nicht irgendeinen Geheimbereich. Natürlich können die benannten Räumlichkeiten dem Verbergen dienen und es kann durch eine Hfbs-Handlung in den Geheimbereich des einzelnen eingedrungen werden, wenn er den Neubau mit einem Tresor verwechselt oder im Geheimgang pennt. Was zählt ist der **Zustand der Ungestörtheit des Raumes, der für sich betrachtet völlig farblos ist... (S.24)** Wenigstens eine Gewichtszunahme können wir aber diagnostizieren. **So betrachtet bekommt das an sich farblose Argument, es sei unsinnig zu glauben, der Gesetzgeber wolle nur einen Teil des Besitzes schützen, ein besonderes Gewicht (S.34):** Farblos und schwer schleppt sich Stoibers Rechts-Gesülze dahin. Wie können wir das Argument etwas bunter bekommen? Durch Interesse natürlich! **Ein werthafter Zustand wird aber erst dann ein Rechtsgut und bekommt die (...) vermißte Farbe, wenn an ihm ein Interesse besteht. (S.30/31)** Doch nicht immer ist das Färben ganz so simpel zu bewerkstelligen: **Der genannte oder nicht genannte vereinigende Begriff oder Tatbestand bedarf erst der beschreibenden Klärung durch Unterbegriffe oder Alternativtatbestände, um Farbe zu bekommen... (S.140)** Das hier genannte oder ungenannte Farbproblem **ist also nur ein Scheinproblem... (S.26)**

Sehen wir uns nun **das Hausrecht als eigenständiges Konglomerat einer besitzgeladenen und einer persönlichen Freiheitskomponente (...) unter besonderer Betonung letzterer (S.33)** an. **Hausfriede als**

Rechtsgut ist ein vom Recht geschütztes Lebensgut der Allgemeinheit, ein realer Zustand... (S.28) Und ausgesprochen besitzgeladen obendrein. Klar, da gibt es den **Streit (...) ob das Rechtsgut immer ein Zustand ist oder ein rechtlich geschütztes Interesse.** (S.28) Doch diese Wirrsal liegt **an unbedenklich vorgenommenen wechselseitigen Zitierungen...** (S.29)

Lassen wir Stoiber kurz ein paar Kleinigkeiten festhalten: **Persönliche Freiheit als eigenständiges Rechtsgut (...) läßt sich nur begreifen als Willensfreiheit, als Willensentschließungsfreiheit und als Willensbestätigungsfreiheit, wobei ersteres infolge ihrer Unverletzlichkeit aus den Betrachtungen ausscheidet.** (S.36) So sieht's nunmal aus, Freunde! **Andernfalls ist dann aber nicht einzusehen , warum nicht auch der Diebstahl ein Freiheitsdelikt ist. Gegen letzteres Argument kann zwar eingewandt werden, daß hier ein vorliegendes konkretisierbares Rechtsgut, das Eigentum, die Annahme einer spezialisierten Freiheitssphäre verbiete, was bei 123 StGB nicht der Fall sei (wenn man den Hausfrieden als Erscheinungsform der Privatsphäre nicht anerkennt), und daher einer spezialisierten Freiheitssphäre als Rechtsgut des Hfbes nicht im Wege stünde. Aber auch eine spezialisierte Freiheit als Rechtsgut bedingt die allgemeinen Voraussetzungen der Freiheit als Rechtsgut.** (S.36) Wenn man solche Ergüsse hört, **erkennt man nicht in dieser Umdeutung die Weite und Leere des Begriffes?** (S.39) Ja, und zudem die Weite und Leere in unserem Edmund.

Allerdings schlägt auch hier das Argument zu großer Weite in dem Sinne, daß es dann nicht strafwürdige Rechtsgutverletzungen gäbe, nicht durch. (S.41) Argumente schlagen selten zu großer Weite durch. Wenn sie's tun, dann **fällt die andere Komponente (...)in sich zusammen.** (S.41) Noch **durchschlagender aber ist ein anderes Argument (S.37),** das der **Besitzdienerschaft (S.55) als vergeistigte Sachherrschaft (S.55).** Doch dies ist eben auch ein **Begriff (...), der die Gefahr der Uferlosigkeit in sich trägt,** ganz so, wie auch unser Ede die Gefahr der Uferlosigkeit in sich trägt und ihr leider nur allzu uferlos erliegt.

Es ist schon erstaunlich, daß einer wie Stoiber sich ungestraft als Schreiber betätigen darf. **Eine Betätigungs- und Verfügungsfreiheit als etwas Dynamisches verliert sich in Anbetracht des Tatbestandes auch wesentlich mehr in der begriffslosen Weite als das statische Für-Sich-Sein. (S.41)** Dynamisches Wischiwaschi verliert sich beständig in der begrifflosen Weite einer statisch schalen Doktorarbeit.

Ob jemand ohne Eintrittskarte am Kontrolleur vorbeikommt, ob jemand die bloße Erlaubnis zum Übernachten zur Unzucht mit einem Dienstboten des Berechtigten ausnützt (denn merke: nur die Herrschaft ist berechtigt zur Unzucht mit Dienstboten daheim) **oder listig herbeiführt (S.100), das Wesen der Gestattung (S.70)** wird durch den Schmutz gezogen, **demgemäß es unvereinbar wäre, das nackte Unrecht zu schützen (S.56).** Aber seien wir mal ehrlich: das scharfe Hausmädchen in Stöckel, Schürze und Mini? Da drücken wir eine Auge zu. **Der Schutz des »nackten Unrechts« ist also nur eine unbeabsichtigte und untrennbare Nebenfolge... (S.57)** Wir sehen: **Es gibt also nur einen gleichstufigen, keinen überstufigen Hausfrieden,** überstufen lassen wir uns nämlich nicht.

Wenn wir dies berücksichtigen, dann kann auch die eben gemachte Feststellung, daß der angegriffene Wille ein konkreter sein muß, keinen Raum zwischen »entgegenstehendem Willen« und »ohne Willen« begründen. (S.87) Mitten im unbegründbaren Raum stellen wir fest: **Oberflächlich gesehen könnte man zwar meinen, daß ein fehlender konkreter entgegengesetzter Wille immer noch »ohne Willen« bedeuten kann und darin ein Beweis für den Unterschied läge. Wenn man aber die Konkretheit des entgegenstehenden Willens als Angriffsobjekt beachtet, erweist sich auch diese Unterscheidung als unrichtig. (S.87)** Auch gegen den Willen des geneigtesten Lesers daher ein schönes Beispiel: **Wenn also in dem Zeitpunkt, in dem A in die Wohnung des B eindringt, der B infolge Alkoholgenusses besinnungslos ist und zu keiner Willensbildung in der Lage ist, dringt A trotzdem gegen den nach wie vor bestehenden Ausschlußwillen des B ein. Daraus folgt, daß der entgegenstehende Wille mit Bezug der eine Privatsphäre gewährenden Räumlichkeit entsteht und weiterbesteht**

bis zum Widerruf, der Täter also nur dann nicht eindringt, wenn als Widerrruf eine Zustimmung vorliegt. (S.88) Wir stimmen durch Widerruf unserer Nichtzustimmung zu.

DIE GEISTIGE BARRIERE

Besinnlungslos besoffen von soviel Genauigkeit baut sich bei uns eine geistige Barriere auf. **Hinter dem Schlagwort »geistige Barriere« verbirgt sich nicht nur die wohl schwerwiegendste Problematik des Hfbes, sondern auch eine verschiedenartige. (S.90)** Eine verschiedenartige und schwerwiegendste Problematik. **Der Raum (...) in seiner Gänze (S.26)** wurde **ausbedungen (S.44),** bis man **den Anwendungsbereich des Hfbes, mit der »geistigen Barriere« erweiterte (S.1) Einmal wird dadurch ausgedrückt, daß ein auf den einzelnen konkretisierter entgegenstehender Wille nicht erforderlich sei, darüber hinaus aber auch, daß die gegen den Willen des Berechtigten bestehende Motivation des Täters ein tatbestandsmäßiges Eindringen zu begründen vermöge. (S.90)** Nun ist jedoch nicht zu leugnen, daß die **»geistige Barriere« der für die Gewinnung der Struktur des Hfbes(...) neue Impulse gab. (S.1)** Trotz offensichtlicher geistiger Barriere kam ein ganze Dissertation als Impuls heraus.

Ist das Gebäude als nutzbare Anstalt (...) gewidmet, so ist jedes öffentlich-rechtliche Eintrittsrecht, wenn auch Inhalt und Personenkreis je nach Widmung verschieden sind, Gegenstand und Ausfluß der Widmung. (S.159) Hat die Widmung noch andere Ausflüsse? **Die Methode des Rechtsstaates bezüglich seiner Arbeitsweise ist das »von Außen nach Innen Gehen»... (S.110)** Die Methode bezüglich seiner Methode ist damit klar. Aber ist der Bruch des Hausfriedens deshalb schon ein Dauerdelikt? **Denn ist der Hfb. insgesamt ein Dauerdelikt und ist Wesen eines Dauerdeliktes, daß zwischen Vollendung und Beendigung das Delikt weiterhin jede Sekunde tatbestandsmäßig begangen wird, begeht jeder strafbar Eingedrungene**

auch ohne eine Aufforderung zum Verlassen nach dem Eindringen ständig einen neuen Hfb, bis er die Räumlichkeiten verlassen hat. **(S.121)** Ist er's also? **Ob der Hfb ein Dauerdelikt ist oder auch ein alternativer Mischtatbestand, kann aber noch nicht bejaht werden. (S.131)** Kein Wunder, denn «ob« etwas etwas ist, kann nie bejaht werden, nur »daß« etwas etwas ist, ist bejahbar.

Jetzt zur Erfrischung eine Herleitung: **Soweit nämlich diese speziellen Rechtswidrigkeitsmerkmale über sogenannte offene Tatbestände hergeleitet werden, indem man sie als Merkmale begreift, denen keine Tatbeschreibung zukomme und die folglich völlig ihren Platz im Felde der Rechtswidrigkeit hätten, bilden sie eine neue, dogmatisch nicht zu rechtfertigende Figur, die mit der Natur des Tatbestandes als Umschreibung der Verbotsmaterie im Widerspruch steht und somit nach h.L. nicht bestehen kann. (S.179)** Die Verbotsmaterie im Felde der Rechtswidrigkeiten bildet eine Figur. Das hat Konsequenzen: **Nur wenn das »böse« Verhalten für einen fiktiven Beobachter in seinem Erscheinungsbild von der Öffnung der Privatsphäre abweicht und darüberhinaus nicht mehr als leichter, sozialtypischer Verstoß gegen den Willen des Berechtigten bezeichnet werden kann, wird das sich anschließende Verweilen dadurch auch ohne »Aufforderung« zu einer unerwünschten körperlichen Anwesenheit in einer fremden Privatsphäre, also zu einem tatbestandlichen Verweilen. (S.143)**

Wer nun meint, Stoiber sei einseitig, dem sei gesagt: **Außerdem studierte ich noch (...) fünf Semester an der Hochschule für politische Wissenschaften in München, wo ich zahlreiche Diplom-Vorprüfungen bestand. (Lebenslauf)** Darauf ist Ede stolz. **Dies jedoch nur nebenbei; Einzelheiten in diesem Zusammenhang mögen dahinstehen. (S.149)** Da haben wir nochmal Glück gehabt.

Dr. Hans Apel

EINE UNSICHTBARE EINWANDERUNG

Hans Apel macht es sich leicht. Schneidig und immer außer Atem listet er einfach die sich wenig voneinander unterscheidenden Meinungen von einigen Wirtschaftswissenschaftlern auf, von Edwin Cannan und seinen Schülern. **Es ist tunlichst vermieden worden, das Werk der einzelnen Autoren so zu »atomisieren«, daß ihre geistige Gesamtschau im Detail verschwindet. (S.III)** Tiefergehende Analyse findet in der Tat nicht statt. Hans begnügt sich mit gelegentlichen groben Wertungen. Zum Aufbau seiner dürren Arbeit schreibt er: **So wurde versucht, einen Mittelweg zu gehen, der sowohl langweilige Aufzählungen und Wiederholungen als auch feuilletonistische Unübersichtlichkeit vermeidet. (S.III)** Wie geht dieser bemühte Versuch aus? **Dieses Resultat ist aber mehr als mager. (S.86)** Kein Wunder, wendet Apel seinen Verstand doch nur als Hilfsmittel zum Wohlergehen an: **Allerdings ist auch hier der Verstand nur das Hilfsmittel für die schnellste und bequemste Verwirklichung der gesetzten Zwecke, deren es in der menschlichen Natur stets so viele gibt, da das Streben nach gesteigertem Wohlergehen unersättlich ist. (S.42)** Auch mit wenig Verstandeseinsatz läßt sich in unersättlichem Streben das Wohlergehen steigern: unser Hans ist heute ein echter Dr.!

Apel führt gleich zu Anfang den Begriff der geistig qualifizierten Zahl ein: **mit begrenzter, dafür aber geistig qualifizierter Mitglieder-**

«Edwin Cannan und seine Schüler. Die Neuliberalen an der London School of Economics» von Hans-Eberhard Apel, Hamburg (Akademie für Gemeinwirtschaft), 1961 (husch, husch im Alter von 29 Jahren). Umfang: 256 Seiten

zahl (S.2) gingen die Wirtschafts-Cracks der London School of Economics an den Start. Einige von denen gleichen in ihrer denkerischen Schlichtheit unserem Hans im Pech: **So muß man zu dem Ergebnis kommen, daß die Simplizität der Darstellung, auch dem Inhalt nach, weitgehend der der Klassiker entspricht. (S.54)** Ist ja Klasse. **So kommen wir zu dem Ergebnis, daß sich das Menschenbild aller in dieser Arbeit betrachteten Autoren weitgehend entspricht und seinerseits eine enge Verwandtschaft mit den Überzeugungen der Klassiker hat. (S.55)** Wer Apels Doktorarbeit nicht gelesen hat, kann sich nicht vorstellen, welch ellenlange und langweilige Aufzählungen dieser tiefen Einsicht vorangegangen sind.

Manchmal setzt sich Apel mit den Cannan-Schülern tatsächlich auseinander. Herr Hutt, einer dieser Burschen, behauptet angeblich über die Folgen der Monopolisierung: **Nicht nur Einschränkungen der Freiheit, das Zurückbleiben der Wohlstandssteigerung und Wirtschaftskrisen finden so ihre Ursache in der Monopolisierung. Nein, sie muß auch herhalten, um die Irrationalität und Geschmacklosigkeit des Durchschnittskonsumenten von heute zu erklären. Doch damit hat Hutt zweifelsohne den Bogen überspannt. (S.99)** Für Apel ist der Konsument selber schuld, wenn er den Müll kauft, der ihm angeboten wird. **Die Monopole können doch immer nur dann ohne Rücksicht auf die Konsumentenwünsche Schund produzieren, wenn ihnen dieser von den Käufern abgenommen wird. (S.99)** Daß massenproduzierter Schund die einzige Möglichkeit sein kann, sich überhaupt eine Bedürfnisbefriedigung leisten zu können, und daß zudem Monopol bedeutet, daß es zu der Schundserie des Monopolisten keine Angebotsalternative gibt, daß all dies mit der Einkommensstruktur, der Menge anderer angebotener Konsummöglichkeiten und obendrein dem historischen Entwicklungsstand einer Gesellschaft in Zusammenhang steht - ein Unterprimaner hätte das raffen müssen, sonst hätte er die Klasse wiederholen dürfen. Apel hingegen moniert, es fehle an zündenden **Ideen zur Umgestaltung der Patentgesetzgebung. Auf das entscheidende Problem nämlich, die Höhe der Benutzungsgebühren, kommt keiner zu sprechen. (S.103)**

87

Das Unangenehme ist aber, daß Hutts Vorstellungen vom Menschen weitgehend nicht den Realitäten entsprechen. (S.107) So einfach ist das. Wir sind gegen schrankenlose Liberalisierung der Wirtschaft. **Schließlich wirkt eine einseitige Liberalisierung wie eine unsichtbare Einwanderung. (S.137)** Apel zitiert und faßt anderer Leute Meinungen zusammen, Seite um Seite, ohne Ende. »Er meinte, ... es sei, solle, könne, wäre, habe«: in endloser Reihe klebt Hans seine lahmen Nacherzählungen hintereinander. Eine Literaturarbeit an der Grenze zum Unerträglichen. Neues erfahren wir nicht. Die wissenschaftliche Leistung besteht nur darin, mehrere Bücher gelesen zu haben. Ständig fragen wir uns: Warum diese Arbeit. **Diese menschlichen Fehlleistungen sind jedoch keineswegs eine Ursache irrationalen Verhaltens. Vielmehr finden sie ihren Grund in der fehlenden Übersichtlichkeit der modernen Wirtschaft. (S.208)** Wenigstens haben wir nach ein paar Stunden Kampf mit dem Einschlafen gelernt, daß die Wirtschaft sowas wie ein Feuilleton ist.

Dr. Manfred Köhnlechner

MANGELS JEDER KÖRPERLICHKEIT

Wenn mir einer den gepumpten Hunderter nicht zurückgeben will, mache ich Druck. Das Gericht knöpft sich den Schuldner vor, der Gerichtsvollzieher holt beim Schuldner für mich raus, was rauszuholen ist. Hier wird Vollstreckungsrecht angewendet, Thema von Heiler Köhnlechners juristischer Doktorarbeit, in der vor allem die verschiedenen Vollstreckungsarten **einer Besprechung unterzogen werden. (S.44)** Wir wollen Mannes Leistungen einer Besprechung unterziehen.

Gekonnt sagt er zur Unterscheidung der Vollstreckungsarten: **Die Abgrenzung der einzelnen Vollstreckungsarten untereinander kann am besten an Hand von praktischen Beispielen dargelegt werden. (S.5) Soll das Thema dieser Arbeit im wesentlichen erschöpfend behandelt werden, so läßt es sich nicht vermeiden, auch Grenzfälle zu behandeln, bei denen der Streit der einzelnen Meinungen im grossen und ganzen als ausgetragen anzusehen ist. (S.5) Zu denken wäre etwa an den Fall, wo der Schuldner es übernommen hat, das Versprechen eines anderen, einem Dritten 100.- DM zu zahlen, einzulösen. (S.15)** Sollten die Beispiele zu schwammig ausfallen, hält er sich eine Hintertür auf: **Im übrigen müssen die Grenzen als flüssig bezeichnet**

«Die Abgrenzung der einzelnen Vollstreckungsarten der Zivilprozessordnung untereinander»
von Manfred Köhnlechner (Referendar aus Würzburg)
Mainz (Rechts- und Wirtschaftswissenschaft) 1952, (Weltmeister der Schlichtheit im Alter von 27 Jahren).
Umfang: 84 Seiten

werden... (S.15) Der messerscharfe Verstand des Juristen spricht aus diesen Zeilen: Wenn Grenzen fließend sein können, dann müssen sie auch flüssig sein.

EINE SCHRANKE ZIEHEN

Beim Vollstrecken kommt es auf die Praxisbezogenheit des Rechtes an: **Vollstreckungsrecht ist aber Zweckmäßigkeitsrecht; Begriffsjurisprudenz und Förmelei sind hier besonders unangebracht. (S.52)** Nun hat Vollstreckung nicht nur mit handlichen Sachen, sondern gelegentlich mit Menschen zu tun, aber bitte keine Förmelei: **Es läßt sich nicht umgehen, daß hier ein Mensch wie eine Sache behandelt wird... (S.35)** Bei Sachen sind Wegnahmen mitunter unvermeidbar: **Hat die Vorlegung beim Gläubiger zu erfolgen, so ist natürlich die Wegnahme der Sache geboten. (S.20)** Aber nicht ziellos: **Ziel jeder Wegnahme ist die Besitzerlangung seitens des Berechtigten... (S.18)** Manne geht hart ran, doch **unvermeidbare Härten sind bedauerlich, aber gerechtfertigt. (S.36)** Nur selten mag er gewalttätig werden: **Ein gewaltsames Eingreifen kommt also nur dann in Frage, wenn eine vollstreckungsfähige gerichtliche Verfügung vorliegt, die auf Herausgabe einer Person gerichtet ist. (S.37)** Wer schuldig ist, wird in angemessenem Umfang Opfer des gerechten Vollstreckers: **Es galt Opfergrenze und Schuldgrad bzw. Schuldgrund in ein rechtes Verhältnis zueinander zu bringen. (S.77)**

Die beschlagnahmte Person bleibt Objekt und wird gar nicht weiter gefragt; wichtiger ist schließlich, wie schmerzhaft der Besitzerwechsel für Schuldner und Gläubiger ist: **Das stets beachtliche Interesse des Gläubigers an der Besitzerlangung der Person dürfte das Bedürfnis einer Willensbeugung des Schuldners in Ansehung der besonderen Eigenart des Vollstreckungs»objektes« bei weitem übersteigen. (S.33)** Was nach Ansehung der besonderen Eigenarten allein zählt, ist das pure Recht: **Es kommt nur darauf an, daß erfüllt wird;**

das »Wie« der Erfüllung interessiert den Gläubiger nicht. (S.14) Denn: Entscheidend ist (...)die tatsächliche Erlangung des Besitzes an der Person. (S.33)

Beispiel Kindervollstreckung: **Andererseits entstehen diese Härten nicht durch die Art der Zwangsvollstreckung, sondern durch die Trennung des Kindes von dem herausgabepflichtigen Schuldner selbst. Sie sind also durch eine andere Form der Vollstreckung auch nicht zu vermeiden. (S.35)** Der Vollstrecker fragt nicht nach den Belangen des Kindes, das vielleicht beim Schuldner bleiben will, wenn der Gerichtsvollzieher kommt, um zu vollstrecken. Und außerdem: Wer sagt denn, daß der gerichtliche Vollstrecker gnadenlos zur Sache geht!? **Weiterhin wird die fortwährende persönliche Obhut bei der Wegnahme zurückgedrängt; doch können gerade hier durch ein besonders rücksichtsvolles und gewissenhaftes Vorgehen die persönlichen Momente weitgehend beachtet werden. Aber auch dies ist wiederum nicht eine Frage der Vollstreckungsart, vielmehr eine solche des Takts. (S.35)** Das kann Manne dann dem vollstreckten Kind klarmachen.

Auf den Takt kommt es an, wenn **das körperliche Hinwegschaffen (S.48)** fällig wird. Und der Takt ist **Sache des Staates als Träger jeder Vollstreckungstätigkeit. (S.44) Es wäre ein überflüssiger und schädlicher Formalismus, (S.39) die sonach zum Zuge kommende allein praktische und stets Erfolg versprechende Vollstreckungsart (S.51)** durch menschliche Bedenken in Frage zu stellen. **Auszuscheiden ist sonach zunächst einmal (S.7)** jegliche **Zwangsersatzvornahme (S.41).**

Damit eines klar ist: **der Zwang richtet sich in den Grenzen inländischer Gerichtsbarkeit, welcher der Schuldner immerhin noch unterliegt, gegen denselben. (S.54)** Der Zwang richtet sich also gegen sich selbst, den Zwang, oder hat Manne nur das Fach Deutsch schon in der Untertertia abgewählt?

Eine keiner Ausdehnung fähigen Ausnahme (S.46) kennt unser juristelnder Wunderheiler in Vollstreckungsdingen: **Die Fälle der**

Verurteilung zur Eingehung einer Ehe und zur Herstellung des ehelichen Lebens... (S.57/58) Irgendwo muß man ja auch **eine Schranke ziehen. (S.2)**

DER AUF BESCHLEUNIGUNG HINZIELENDE ZWECK

Deutlich diesseits der gerade frisch gezogenen Schranke stellt er klar: **Kann man also gewissermaßen auf eine im Besitz des Schuldners befindliche bestimmte bewegliche Sache oder auf einen bestimmten Teil einer bestimmten Sachgesamtheit mit dem Finger deuten und sagen, nur diese Sache oder ein bestimmter Teil nur dieser Sachgesamtheit - etwa der Fall einer begrenzten Gattungsschuld - kann Gegenstand der Vollstreckung sein, dann ist nach 883 ZPO. zu vollstrecken. (S.17)** Gattungsschuld hat nichts mit Begatten zu tun, kein Gatte soll mit dem Finger auf eine bewegliche Sache oder sonst einen bestimmten Teil des Körpers zeigen und vollstrecken. Es geht nicht um einen **Duldungstitel gegen den Ehemann (S.4)**, sondern um interessantere Sachen, bzw. Nicht-Sachen: So **ist elektrischer Strom nicht als Sache im Sinne der 883 ff.ZPO. anzusehen, ohne daß es eines Eingehens auf die bestrittene Frage bedarf, ob materiell-rechtlich elektrischer Strom als Sache anzusehen ist. (S.22)** Mit dem Finger kann man nicht draufzeigen, aber wenn man den Finger drauflegt, kann man sich eindeutig von der Anwesenheit von 220 Volt Wechselstrom überzeugen. **Mangels jeder Körperlichkeit muß also bei einer Verurteilung zur Versorgung mit elektrischem Strom die Verpflichtung zur Vornahme einer Handlung angenommen werden. (S.22)** Strom ist also Handlung, nicht Sache.

Da sich das auf Geldleistung an einen Dritten Bezügliche auf die Hinterlegung eines Geldbetrages vollkommen anwenden läßt. (S.8) - worauf noch näher einzugehen sein wird – (S.13) wollen wir, was einer besonderen Eigenart nicht entbehrt (S.13), mangels jeder weiteren Körperlichkeit lieber ein bißchen das auf die Entstehung der Vorschrift Bezügliche untersuchen, um zu einer Auffassung mit einer besonderen Eigenschaft zu kommen: **Diese Auffassung kann nicht geteilt werden. (S.54)**

Der letzteren Auffassung, die als die herrschende anzusprechen ist, ist beizupflichten. (S.60) Und – weiter in Manfreds Privat-Deutsch - : **Sie findet ihre Rechtfertigung in der Entstehung dieser Vorschrift (...) zum Ausdruck kommenden Rechtsgedanken, dem auf Beschleunigung und Erleichterung hinzielenden Zweck. (S.60)** Schöner hätte man es nicht sagen können. (Daher diesen Satz wenigstens viermal lesen! Vielleicht hätte es eigentlich »in dem in der Entstehung ...« heißen sollen, aber bei Köhnlechner klingt die korrekte Version teilweise noch absurder als die falsche.) Der hinzielende Zweck, dem, ohne daß er eines weiteren Eingehens bedarf, eine keiner weiteren Ausdehnung fähige und eine einer besonderen Eigenart nicht entbehrenden Schranke gezogen worden ist, hat, **aus mehrfachen Gründen (S.13)**, äh, äh, jetzt den Faden verloren.

HINGABE AN DEN GERICHTSVOLLZIEHER

Kein Wunder bei dieser unübersehbaren Fülle von Möglichkeiten: **Bei der unübersehbaren Fülle von Möglichkeiten kann nur versucht werden, eine straffe Zusammenfassung der wesentlichen Gruppen der vertretbaren und unvertretbaren Handlungen unter dem Gesichtspunkt der Abgrenzung untereinander zu treffen. (S.44)** Die Zusammenfassung ist nicht getroffen. **Dies ist denn auch der Standpunkt der herrschenden Meinung. (S.10)** Der Standpunkt der herrschenden Meinung entspricht der als überwiegend anzusehenden solchen, denn: **Der Auffassung des Reichsgerichts hat sich die wohl als überwiegend anzusehende Meinung angeschlossen. (S.38)** Und wir? **Wenn auch die hier auftauchenden mannigfachen Bedenken teilweise einer Berechtigung nicht entbehren, so ist doch der herrschen-**

den Auffassung zuzustimmen. (S.36) Warum? **Auch von praktischen Erwägungen ausgehend erscheint der Standpunkt der herrschenden Meinung in seiner Einfachheit und Zweckmäßigkeit überzeugend. (S.33)** Das spätestens überzeugt auch unsern guten Manne, der sich in seiner Doktorarbeit bestimmt kein kniffliges Gegen-den-Strom-Schwimmen aufbürdet.

Der Beispielflut sind keine Schranken gezogen. Was, wenn sich einer verpflichtet, mir irgendwas abzunehmen und es sich dann anders überlegt. Klar doch, verklagen, und dann Vollstreckung. Nicht so schlimm, **denn diese klagbare Verpflichtung zur Abnahme ist nur die rein körperliche Hinnahme der Sache zwecks Besitzerlangung. (S.48)** Wer nach körperlicher Hinnahme und Besitzerlangung meine Sache nicht so toll findet, dem sei gesagt: **Abnahme und Billigung können auseinanderfallen. (S.48)** Das Auseinanderfallen von Abnahme und Billigung ärgert einen natürlich besonders bei der **Verschaffung von Besitz an ideellen Bruchteilen. (S.22)** In dieser Frage vermag Manne nicht zu sehr in die Niederungen der Feinheiten hinabzusteigen, denn **auf Grund der hier vertretenen herrschenden Meinung erübrigt sich ein Eingehen auf die Frage, ob für den Fall, daß bei Geldleistungen an Dritte die Vorschriften über Handlungen zum Zuge kommen sollen, eine vertretbare oder unvertretbare Handlung vorliegt ... (S.10).** Im Zweifelsfall macht das Gericht einen Kunstgriff: **Es ist also erst die Tätigkeit des Vollstreckungsgerichts die die vorzunehmende Handlung zu einer vertretbaren macht. (S.51)**

Doch leider: **Diese kurze Bemerkung reichte nicht aus, um in Wissenschaft und Rechtsprechung Klarheit zu schaffen. (S.32)** Mit tiefgreifenden Folgen: **Mit Recht ist daher die Mehrzahl der neueren Entscheidungen dazu übergegangen, (S.39)** – sofern Entscheidungen überhaupt zu irgendwas übergehen können – **in all den Fällen, wo (S.52) ... die gewöhnliche Geldzahlung ein Handeln enthält, nämlich die Hingabe an den Gerichtsvollzieher (S.9)** einzuführen. Oh, du, strenger Gerichtsvollzieher, gerechter Vollstrecker der zuzustimmenden herrschenden Meinung, mich Person als Sache behandelnd, auf dich allein zielt all meine Hingabe! Der Gerichtsvollzieher läßt sich nicht beirren, den **zum Ausdruck kommenden Rechtsge-danken (S.60)** für **durchführbar und deshalb im Sinne des Gesetzes liegend für geboten zu erachten.** (S.10) Voller Hingabe an den Gerichtsvollzieher halte ich es für geboten, es für geboten zu erach-ten, keine Schranke zu ziehen: **dann greifen natürlich die Vorschrif-ten der 887, 888 ZPO Platz (S.14). In allen Fällen indes, wo...** (S.55), hat diese **Ihren gesetzlichen Niederschlag gefunden und zwar dahin, (S.32)** ... tja, die deutsche Sprache findet eben in Köhnlech-ner einen wichtigen Neuerer. **Insoweit bedarf demgemäß der sich in manchen Lehrbüchern und Kommentaren findende Hinweis (...) einer Berichtigung. (S.12) Nicht unbestritten ist, in welcher Weise (S.48),** ja, richtig gelesen, »unbestritten« statt »unumstritten«.

IN FÄLLEN, WO...

Eleganter ist, wenn man **die Vollstreckung in einen Gegenstand nach eigener Wahl lenken kann. (S.13)** Doch nicht immer läßt sich die Vollstreckung in irgendetwas hinein lenken. Weil sonst unnötige Klarheit **Platz greifen könnte. (S.9)** Köhnlechner vollstreckt in frän-kischer Mundart den Fall, wo ...: **Ähnlich gelagert ist der Fall, wo (S.45)** ... − sparen wir's uns. **Indes sind durchaus Fälle denkbar, wo (S.52)** ... und **ähnlich ist der Fall, wo (S.67)** ... **In den zuvor geschilderten Fällen, wo (S.57)** Köhnlechners Deutsch unter aller Kritik ist, greift schnell die Frage Platz, **ob also 887 oder 888 ZPO Platz greift... (S.50). (...) greifen allerdings wie sonst die 10, II ZPO Platz... (S.73), sei noch auf die Fälle hingewiesen, wo... (S.66) die oben zu Wort gekommenen Ansichten zeigen, daß hier der Gesetzgeber nicht genügend Vorsorge getroffen hat. (S.7)** Wie kommt Manne nun darauf? **Daß diese Begründung nicht stichhaltig ist, erhellt aus obigen Ausführungen. (S.52)**

Könnte man Köhnlechner dazu zwingen, Köhnlechners Doktorar-beit zu schreiben? Ja, denn **denkbar wäre allerdings auch eine Voll-**

streckung nach 888 ZPO , wenn die zu erbringende Leistung keine besonders geistige Anstrengung erfordert, aber von einem Dritten nicht auszuführen ist bzw. ihm nicht überlassen werden kann. (S.56) Seine Dissertation muß man schon allein runterschreiben, wenn dazu keine besondere geistige Anstrengung erforderlich ist – wie dies die vorliegende Dissertation beweist. Aber wir würden nicht vollstrecken lassen, dazu ist der literarische Gehalt der Arbeit zu hoch: **Es wäre auch offenbar unbillig, wollte man dem Gläubiger verwehren, die im Besitz eines Dritten befindlichen, an den Schuldner herauszugebenden vertretbaren Sachen, die der Bezeichnung im Urteilstenor genau entsprechen, im Wege der Zwangsvollstreckung mit Beschlag zu legen, um ihn lediglich auf die Ersatzklage zu verweisen, die erst über einen zeitraubenden Umweg zum Ziele führen würde. (S.32)** Wenigstens führt der zeitraubende Umweg überhaupt zu was, die vorliegende Dissertation dagegen ist reine Zeitverschwendung.

Bevor wir irgendwas anderes mit Beschlag legen, muß noch rasch eine Frage nicht beantwortet, sondern entschieden werden, aber können wir überhaupt **die Frage nach der dem säumigen Schuldner gegenüber anzuwendenden Vollstreckungsart ohne besondere Schwierigkeiten entscheiden... (S.12)**? Da sollte man Vorsicht Platz greifen lassen: **Es dürfte sich durchaus der Standpunkt vertreten lassen, daß (S.46)** ....

Ein Wort über die Finanzen: **Geld ist der als gesetzliches Zahlungsmittel anerkannte Wertmesser und Wertträger eines Landes. (S.3)** Sicher, **das widerspricht dem menschlichen Empfinden und führt zu Härten... (S.35).** Doch mit seinem an der Vollstreckung von Menschbesitz geschulten Takt gelingt dem Vollstrecker auch die **Umsetzung in Geld (...) (Versilberung)... (S.4)**

Außerdem kommt es immer darauf an, was man schuldet. **Jede Verpflichtung des Schuldners, wenn sie sich nicht gerade in einem Unterlassen erschöpft, zielt auf die Vornahme einer Handlung ab. (S.41)** Eine klare Einsicht, mit der Manne nicht allein steht: **Dies bestätigen neben dem klaren Wortlaut des Gesetzes die Ausnahme-**

bestimmungen (S.66)..., fraglos zu keiner Ausdehnung fähig. Der Wortlaut des Gesetzes ist klar, **zumal die ZPO. kaum einen Fachausdruck eindeutig gebraucht. (S.9)** Inmitten der Begriffsverwirrung brauchen wir als Rechtschaffer den vornehmen deutschen Juristen: **Gerade hier kann sich die Aufgabe der Rechtsprechung nämlich Recht zu schaffen, in ihrer vornehmsten Art beweisen, indem sie die Lücken des Gesetzes, das naturgemäß in seiner Abstraktheit nicht alle menschenmöglichen Fälle treffen kann, ausfüllt. (S.74)** Dieser vornehme Stand der Rechtsprecher darf nicht arbeitslos werden: **Zu einer Gesetzesänderung zwecks Ausfüllung tatsächlicher Lücken des Gesetzes besteht jedenfalls – dies ist ausdrücklich zu betonen – auch in wirtschaftlichen Krisenzeiten keine Veranlassung (S.8),** gerade in Krisenzeiten nicht.

DER KAUM PRAKTISCH WERDENDE FALL

Welche geschuldete Handlung ist vertretbar? **Eine vertretbare Handlung ist somit die, bei der es vom Standpunkt des Gläubigers aus rechtlich und wirtschaftlich gleich bleibt, ob der Schuldner erfüllt oder ein Dritter. Damit ist nun nicht gesagt, daß jeder Dritte diese Handlung so auszuführen wie der Schuldner imstande ist. Es wird sogar häufig vorkommen, daß die dem Gläubiger gegenüber vorzunehmende Handlung nur von einem bestimmten Personenkreis ausgeführt werden kann, weil dazu gewisse Eigenschaften oder Erfordernisse (Vorbildung) notwendig sind. (S.42)** So kann Köhnlechners Heiltätigkeit nicht irgendein anderer Rechtsanwalt ersetzen.

Ersetzbar sind **Handlungen, (...) zu deren Vornahme es keiner besonderen geistigen und körperlichen Fähigkeiten bedarf (so z.B. Dienstleistungen und Arbeiten einfacher Art). (S.44)** Zu den Dienstleistern zählt man auch Heilpraktiker. Wozu gehören eigentlich Rechtsanwälte? Ebenfalls zu den Jobs, bei denen es nicht auf Hirn oder körperliche Fähigkeiten ankommt, **zählen auch Handlungen** wirtschaftlicher Art, wie gewerbliche und landwirtschaftliche Arbeiten (z.B. **Transport von Sachen, Anfertigung von Maßkonfektion, Maschinenmontage). (S.44)** Der Maßschneider braucht sicherlich keine besonderen Fertigkeiten. **Nicht immer liegen indes die Fälle so einfach. (S.45)** Bei den Grabenberufen will Manne genauer differenziert wissen: **Unstreitig ist, daß hier bei einfachen Handlungen, wie etwa bei Zuschüttung eines Grabens, bei der Umleitung von abfließendem Wasser, bei der Reinigung eines Grabens §887 ZPO zum Zuge kommt.**

Wird der Schuldner selbst zum Leisten einer Handlung gezwungen, neigt er zum Pfusch. Zufall oder Absicht? **So wird es schwierig sein zu entscheiden, ob die Ausführung der Handlung der urteilsmäßigen Verpflichtung entspricht und ob eine ungenügende Ausführung auf mangelnden Willen oder auf mangelndes Können zurückzuführen ist. Weiterhin wäre das Vorhandensein der erforderlichen Fähigkeiten überhaupt fast niemals festzustellen und durch unzureichende Ausführung in Frage gestellt. (S.56)** Ehrlich gesagt, ich würde sowieso nicht darauf bestehen, daß gerade Köhnlechner die Spritzenkur an mir durchzieht, die ich beim Preisausschreiben der Bild-Zeitung gewonnen habe. Mannes Dissertation liest sich gerade so, als habe ihn ein Gericht dazu verurteilt, sie zu schreiben.

Vielleicht ist das auch was anderes: **Nicht jede geistige Arbeit gehört indes hierher — erfordert doch jede Leistung ein gewisses Maß an geistiger Tätigkeit — sondern nur eine solche auf Grund besonderer Fähigkeiten. (S.56)** Inzwischen ist unserem Denker also aufgefallen, daß sich seine Arbeitsthesen der letzten Seiten nicht halten lassen. Aber gleich seitenweise neu schreiben? Zuviel.

Es sei zusammenfassend noch einmal hervorgehoben (S.12), daß Köhnlechners Dissertation nicht nur ein pralles Stück Dummdeutsch, sondern obendrein eine wissenschaftlich kaum erhebliche Leistung ist. Woran kann das liegen? **Auf Grund meiner Einberufung zur Wehrmacht erhielt ich 1943 den Reifevermerk. (Lebenslauf)** Vorzeitig reif gesprochen wurde er. **Herausgeben kann man nur**

etwas, was man bereits besitzt. (S.17) Das gilt auch für intellektuelle Qualitäten. Diese Aussage **läßt eine erweiterte Ausdehnung nicht zu ...** (S.65) Aber **wenn man von dem kaum praktisch werdenden Falle absieht, wo** (S.13) der Schuldner der eigenen Beschränktheit eine Schranke zieht. Tröstlich für den Gläubiger: **Der Gläubiger kann von dem Schuldner die Kosten vorgeschossen verlangen ...** (S.16). Doch **hieraus erhellt** (S.48): **Das Nebeneinanderlaufen (...) ist nicht ideal.** (S.39) Endlich am Ende angekommen verlassen wir mit einer letzten Entschuldigung Mannes durchwachsenen Begriffs-dschungel: **Gerade hier zeigt es sich, warum man , wie Leonhard meinte, in dichtem Gestrüpp gewundene Wege gehen mußte** (S.81), denn **immerhin müssen in den zuletzt besprochenen Fällen die Grenzen als flüssig bezeichnet werden.** (S.56) Bleibt noch zu sagen: **So greifen die Bestimmungen der 887,888 ZPO Platz.** (S.62) ...

Dr. Waldemar Schreckenberger

ES GIBT EINE PFLICHT, PFLICHTMÄSSIG AUS PFLICHT ZU HANDELN

Dem Kanzleramt hat seine Regentschaft den Spitznamen »Bermuda-Dreieck« eingebracht, verschwanden doch immer wieder Vorgänge in seiner bürokratischen Verschlampmaschinerie. Eigentlich wäre er für den Kanzleramtsjob nicht geeignet gewesen, **denn beim Staate kommt es nicht auf die gute Gesinnung an, sondern auf eine gute Organisation, (S.93)** Aber sein Kumpel Helmut hat ihn bekniet, und dann das schöne Einkommen...

Früher war der Schulkamerad Kohls und deshalb heute prominente Schrecki offenbar viel pingeliger. Was Immanuel Kant, einem der größten Denker des Abendlandes, entgangen ist: unter Schreckis privater Lupe nimmt es pralle Gestalt an. **Wir als vernünftige Wesen (S.18)** erkennen: **Kants System ermangelt somit eines einheitlichen obersten Prinzipes. (S.21)** Akten-Schreck Schrecki meint, Kants Sauladen aufräumen zu können. Da kann man nur sagen: **Diese Meinung dürfte aber wohl einzig dastehen (S.96)**, wie übrigens so viele seiner anderen Meinungen auch.

Dr. Schreckenberger schreckt vor nichts zurück und präsentiert uns ein paar Schubkarren voll hochphilosophischer Hämmer, an

«Legalität und Moralität − Rechtsphilosophische Untersuchung zum Rechtsbegriff bei Kant«. Juristische Fakultät Uni Heidelberg, vorgelegt von Waldemar Schreckenberger (Assessor aus Ludwigshafen), 1959 (super-duper im Alter von 30 Jahren). Umfang: 133 Seiten

denen - leider – nur derjenige wirklich Freude haben kann, der Kants Rechtsphilosophie wie seine Westentasche kennt. Doch wer hat heutzutage noch soviel Zeit zu verplempern?

Nur keine Angst vor der ach so hohen Materie. Auch der Gemütsmensch kann Recht und Ethik kapieren, denn **Recht und Ethik (...) haben ihre gemeinsame Quelle in der Geistigkeit, im Gemüt des Menschen. (S.3)** Noch ein bißchen Klärung, und schon ist alles klar: **Es verbleibt nunmehr noch zu klären, ob ihr eine dualistische Gliederung der apriorischen Grundlage entspricht, ob also dem Apriori der Ethik ein besonderes Apriori des Rechts gegenübersteht. (S.15)** Wie man's nimmt, **der Ausdruck Zwang oder Nötigung zeigt ein Wirkungsverhältnis zwischen zwei Willensträgern an. (S.43)** Manchmal ist Schrecki beide Willensträger gleichzeitig, denn **seine ethische Methodenlehre fußt schließlich darauf, daß eine Erziehung zur Tugend möglich, ja notwendig sei, ohne daß deshalb dem freien Selbstzwang Abbruch getan würde. (S.49)** Aber überschreiten wir nicht den Rahmen: **Auf die sich hier eröffnende Problematik, wie denn ein Sollen ein Zwang sein kann, einzugehen, würde den Rahmen der Arbeit überschreiten. Es genügt die Feststellung, daß der Pflichtbegriff den Begriff eines Sollens enthält, der Zwang bedeutet; daß Verpflichtetsein Genötigtsein heißt. (S.42)** Ob Sollen Verpflichtetsein ist und Zwang als Genötigtsein Pflicht sein soll, soll uns egal sein, **denn physischer Zwang und sittliche Freiheit (...) sind (...) unvereinbarlich. (S.54)** Durch die Feststellung dieser Unvereinbarlichkeit hat Schreckis gekonnter Ausflug in die Welt des Hobby-Denkens seine **systematische Krönung zu erhalten. (S.98/99)** Der **Anspruch der schlechthinnigen Gültigkeit (S.71)** wird eindeutig übererfüllt. Sagen wir es ein für alle Mal: **Es gibt eine Pflicht, pflichtmäßig aus Pflicht zu handeln. (S.61)** Aus der Pflicht, die Pflicht pflichtmäßig auf **schlechthinnige Gültigkeit ihrer Prinzipien (Vorwort)** zu betrachten, kann man schlechthinnig **zu klärende Begriffe in ihrer Stellung und Vereinbarlichkeit im System betrachten. (Vorwort)** Sind jedoch Vereinbarlichkeit und Schlechthinnigkeit erstmal **in einen konträren Gegensatz gebracht(S.85)**, sozusagen also in einen gegensätzlichen Gegensatz, so wird die pflichtmäßige

Pflicht auch pflichtgemäße Pflicht. Doch dies **widerspricht in höchstem Maße unserem Sprachgebrauch. (S.52)**

Diese **Auffassung würde außerdem auf schwere architektonische Mängel des Systems der Sittenlehre schließen lassen. (S.68)** Vor allem bei der Dränage des Fundaments wurde gepfuscht: **Wer eine tiefgründige Ableitung erhofft, (...) wird enttäuscht (S.101/102). Problemgeschichtlich läßt sich daher sagen... (S.121)**, daß im Keller dauernd knietief das Wasser steht. Schreckis Vertrag mit dem Bau-Luden war wohl ähnlich präzise formuliert wie seine Doktorarbeit: **Oberstes Unterscheidungsmerkmal waren allerdings die schillernden und vieldeutigen Begriffe des »Innen und Außen«. (S.106)** Und da kommen halt ganz unterschiedliche Interpretationen zustande.

Völlig aus dem Zusammenhang nun zum Schluß ein Wort über die Gemütsverwandtschaft zwischen Kant und Schrecki, wie sie sich in beider Schriften schlechthinnig vereinbarlich macht: **Kants moralische und politische Werke atmen aber nicht minder den Geist der Freiheit; ja, sie sind in der spröden, begrifflichen Sprache, die nicht der Eindringlichkeit des beredtsamen Ausdrucks ermangelt, ein einziges Bekenntnis der Freiheit. (S.115)** Wir lernen: wer spröde, wenig beredtsam und schwammig schwafelt, bekennt sich zu dem, was er atmet: ich rauche gern, meine Marke: »Geist der Freiheit«.

Dr. Jürgen Todenhöfer

DAS AUFTRETEN EINES NEUEN HEHLERBETRIEBES

Auf 106 Seiten kommt Todenhöfer mit einem absoluten Minimum an Text aus, um zu erörtern, ob der Hehler rechtlich mitverantwortlich ist, dafür, daß der Stehler ihm – ohne Auftrag – Sachen in den Ankauf-Verkauf-Laden schleppt. Eine langweilige Doktorarbeit, allerdings immerhin auf einem halbwegs erträglichen Niveau.

Für **typische Schädigungshandlungen (S.33) billigenswertere Motive (S.101)** als Hunger zu finden, ist schwer. Wenn Jürgen und seine Freunde von der Stahlhelm-Fraktion im Supermarkt ein paar Fressalien abgegriffen haben und in den Apfel reinbeißen, gilt das als Beschädigung? **Bestimmungsgemäßer Verbrauch ist keine Beschädigung... (S.94)** Selbst als Mitläufer ist Jürgen dran. **Der Mitverzehrer kann dann jedoch wegen Unterschlagung gem. 246 StGB bestraft werden. (S.94)** Beschädigt er doch durch den Biß ein Vermögen, noch dazu unsittlich: **es bestehen keine Bedenken, im Mitverbrauchen der unmittelbaren Beute einer Straftat eine sittenwidrige Vermögensbeschädigung zu sehen. (S.94/95)**

Muß Jürgen den Kopf hinhalten für Äpfel, die sich seine Kumpel reingezogen haben? **Der Mitverbraucher haftet also nicht schon generell für nicht von ihm selbst verzehrte Anteile der Diebesbeute. (S.96)** Wann ist das der Fall? **Das wird etwa dann der Fall sein, wenn**

«Die deliktische Haftung des Hehlers unter besonderer Berücksichtigung des § 830 BGB«. Rechts – und Staatswissenschaftliche Fakultät der Universität Freiburg (Breisgau), vorgelegt von Assessor Jürgen Todenhöfer aus Offenburg/Baden, 1969 (gefingert im Alter von 29 Jahren). Umfang: 106 Seiten

der Vortäter ihm von der gemeinsamen Mahlzeit eine bestimmte, feststehende Menge Lebensmittel gegeben hat. (S.96) Das hört sich einfach an. **Komplizierter wird die Situation, wenn nicht nur eine, sondern mehrere Personen zusammen mit dem Vortäter die Deliktsbeute verzehren. (S.97)**

Was machen wir dann mit Jürgen? **Sein Beitrag ist daher von den gemeinsam verzehrten Beuteteilen abzuziehen. (S.97)** Nun sind aber Jürgen und sein Kamerad Atze als einzige der vielköpfigen »Hydra»-Clique vor Gericht blöde genug zuzugeben, daß alle Mann hoch eine ganze Palette mit Apfelkisten geklaut haben und der fade Delicious ihnen schmeckte. Jürgen und Atze können die Verurteilung wegen bestimmungsgemäß unterschlagenen Verbrauchs von 20 Kilo Äpfeln aber abbiegen, **indem sie beispielsweise nachweisen, daß sie rein physisch nur eine bestimmte Menge der entwendeten Lebensmittel bei dem gemeinsamen Mahl allein verzehrt haben konnten. (S.98)** Jürgen muß vor den Geschworenen soviel in sich stopfen, bis er nicht mehr »papp« sagen kann. Fühlt sich das Gericht beschummelt, nimmt es eine **freie Schätzung des Schadens (S.97)** vor. Das wird für Jürgen peinlich, zumal es schon spät ist und alle zu Tisch wollen. **Erklärtes Ziel ist, erst einmal den Schaden aus der Welt zu schaffen. (S.41)**

Dies alles bedarf keiner weiteren Erörterung. (S.5) Wohl aber die Frage, ob der Hehler irgendwie in die Verantwortung genommen werden kann. **Ich komme somit zu dem Ergebnis, daß der Hehler in dem geschilderten typischen Grundfall trotz logischer intellektueller Urheberschaft nicht für die Folgen der inspirierten Taten haftet. (S.27)** Jürgen würde zwei Jahre ohne Bewährung abbrummen müssen, würde die intellektuelle Urheberschaft seiner völlig uninspirierten Doktorarbeit bestraft. Dabei ist **völlig unerheblich, ob der Täter die betreffende Schädigungshandlung mit gestärktem Selbstvertrauen oder wankenden Mutes durchgeführt hat. (S.42)**

Hergeschaut! Todenhöfer fordert Freiheit für anarchistische Autoren, die Anleitungen zum Absägen von Strommasten veröffentlichen: Fordert ein Zeitungsredakteur in einem Artikel seine Leser ganz allgemein zu Straftaten gegen eine bestimmte Person auf, so läge Anstiftung wegen fehlender Individualisierbarkeit der »Angestifteten« sowie wegen fehlender Bestimmtheit der Straftat nicht vor... (S.14) Allerdings: **Zwar hinterläßt die Haftungsfreiheit sowohl bei Mittäterschaft, als auch bei bloßer Mehrtäterschaft ein ungutes Gefühl. (S.40/41) Das aber ist vorliegend nicht der Fall. (S.18)**

Vorliegender Fall ist folgender Fall: **Wenn von drei Tätern 20 Transistorgeräte entwendet werden, beträgt die Mindestschadenszufügung, die die Täter zu Beteiligten macht, je ein Gerät. (S.74) Denknotwendig (S.33)** kann jeder seinen Anteil der **Beiseiteschaffung (S.34)** herausverlangen (S.30)... **Daß letzteres ein wünschenswertes Ziel ist, kann nicht bestritten werden. (S.37)** Damit ist jedoch nicht **das Erfordernis eines Voneinanderwissens verneint. (S.79)** Können wir bei so einfacher Sachlage auf Jürgens weitere Mithilfe verzichten? Nein, **denn sein Verhalten soll nach der Fallgestaltung ja gerade nicht wegdenkbar sein, ohne daß der Erfolg entfiele. (S.15)** Zudem wissen wir: **Der überwiegende Teil der Literatur und Rechtsprechung hat sich diese Frage nicht gestellt. (S.50)** Jürgen schlägt den **Ausgleichsanspruch nach Köpfen (S.74)**vor. Doch die **Aufschlüsselung des Haftungsumfangs nach Kopfteilen (S.45)** ist nicht leicht: was soll die Nase bekommen, was das linke Ohr, was das blaue Auge?

Volkswirtschaftlich betrachtet würde man formulieren: Die durch das Auftreten eines neuen Hehlerbetriebes steigenden Absatzchancen induzieren eine Erhöhung des Angebots, was natürlich nur durch weitere Straftaten erreicht werden kann. (S.10) So führt die Freie Marktwirtschaft stündlich zu Schäden: **Die von Hehlern in Aussicht gestellte Absatzmöglichkeit führt jeden Tag und jede Stunde zu Schädigungen des Vermögens unbeteiligter Dritter. (S.11)** Der Hehler ist schuld, **denn sein Verhalten war generell geeignet, einen Schaden der eingetretenen Art herbeizuführen, der Erfolg lag nicht außerhalb jeder Wahrscheinlichkeit. (S.18)** Ihm wandte sich daher die Forschung in besonderem Maße zu, indem sie beachtliche

Phantasie bei der Herausarbeitung von Kriterien zu seiner Begrenzung entwickelte... (S.16) Begrenzung ist wichtig. **Das gleiche gilt bei Unterschlagung; zwar kommt hier die Sache nicht abhanden, jedoch verhindert die stets gegebene Bösgläubigkeit des Hehlers einen Eigentumsverlust (vgl. 932 II BGB) (S.28), denn Kenntnis der Anfechtbarkeit steht nach § 142 II BGB Kenntnis der Nichtigkeit der Eigentumsübertragung und somit der Fremdheit des Geschäfts gleich. (S.30)**

Wenn mehrere Hehlerbetriebe am Ort niedergelassen sind, verwirrt dies das seelische Innere des ehrlichen Klaumeiers. **Selbst wenn man jedoch Ehrlichkeit des unmittelbaren Täters unterstellt, bleiben Zweifel am Wert seiner Aussage, da er sich mangels der erwähnten physischen Nebenbeziehungen oft selbst nicht über die psychischen Vorgänge in seinem Innern im klaren sein wird, insbesondere, wenn mehrere Hehlerbetriebe in die Überlegungen, die zur Tat führten, einbezogen wurden. (S.25)** Vor allem dann, **wenn zwischen den einzelnen in Frage kommenden Tätern ein inneres Band, zwar nicht im Sinne eines gemeinschaftlichen Tatentschlusses wie bei der Mittäterschaft, aber doch im Sinne eines Voneinanderwissens vorhanden ist. (S.79)**

Dennoch zeigt sich gerade in Grenzsituationen wie der hier geschilderten ein gewisser Unterschied im Gewicht, der es berechtigt erscheinen läßt, das Eigentum gegenüber rein psychischer Gefährdungen nicht immer in demselben Maße zu schützen wie gegenüber physischen. (S.26) Neulich war mein Eigentum ziemlich seelisch gefährdet, da habe ich den Schutz ziemlich vermißt.

Mit einer griffigen Zauberformel wäre schon sehr geholfen. Aber: **Anders als die Adäquanzlehre kann die Normzwecklehre keine Zauberformel bieten; eine ihrer Erkenntnisse ist gerade, daß es eine solche Zauberformel nicht gibt. (S.21)**

Kleinvieh macht auch Mist

Unter den gesichteten Dissertationen prominenter Mitbürger gaben nicht alle genug her, um sie richtig schlecht zu machen. Einige überraschten sogar durch unerwartete Qualität. Damit ich diese Doktorarbeiten nicht umsonst durchgekaut habe, hier kurz ein paar Geschmacksmuster.

DR. ANDREAS VON BÜLOW

(281 S., 1967 im Alter von 30 Jahren)
Um den Ehrentitel Europameister des Unnötigen bemüht sich relativ erfolgreich unser Freund Andreas von Bülow. Schon das Inhaltsverzeichnis seiner Arbeit über **Die Überwachung der Erdgasindustrie durch die Federal Power Commission als Beispiel der Funktionen der unabhängigen Wirtschaftsüberwachungskommissionen der amerikanischen Bundesverwaltung** verspricht, daß wir es mit der Höchstleistung eines akademischen I-Männchens zu tun haben. Und richtig, auf Seiten und Aberseiten wird dieses Versprechen treu eingelöst. Andreas mutet uns gähnende Besetzungslisten von irgendwelchen Gremien und Kommissionen zu, die irgendwem auf die Finger sehen sollen. Auszug aus dem Inhaltsverzeichnis: **BESETZUNG UND ORGANISATORISCHE GLIEDERUNG DER KOMMISSION / 1. Zur Geschichte der Kommission / 2. Der Personalbestand / 3. die Gruppe der Commissioner (Kollegium) / 4. Der Vorsitzende (Chairman) / 5. Die Büros der einzelnen Commissioner / 6. Die Gruppe der Entscheidungsgehilfen der Kommission / 7. Die Abteilung der Hearing Examiner / 8. Die Kommissionsanwaltschaft / 9. Die Erdgasabteilung ...** und so weiter und so weiter. Wen der genaue Aufbau, die ellenlangen Statuten, die Mitgliederzahl, Organisation, Bürokratie und der Muff so interessanter Einrichtungen wie der

amerikanischen Interstate Commerce Commission interessiert, der sollte sich diese Arbeit auf keinen Fall entgehen lassen. Sie kann im übrigen auch erfolgreich zur Bekämpfung hartnäckiger Schlafstörungen eingesetzt werden.

Zwar verzichtet unser Edelmann weitgehend auf sprachliche Stilblüten, doch könnte man im übertragenen Sinne die gesamte Dissertation als eine Stilblüte betrachten. Nachdem er ausführlichst die amerikanischen Institutionen der Reihe nach bis in ihre allerunnötigsten Feinheiten beschrieben hat, kommt er in seinen Schlußbemerkungen zu der Einsicht: **Die Wirtschaftsüberwachungsbehörden haben bei aller Kritik hervorragende Leistungen erbracht (S.279)** Bülows hervorragende Leistung bestand vor allem darin, einen Berg dröger Vereinssatzungen zu sichten und zusammenzufassen und ... Ja, was eigentlich und? Für enttäuschte von-Bülow-Fans noch eine Sammlung seiner schönsten sprachlichen Pirouetten: **unter den wechselseitig verführerischen Bedingungen (S.4)** wurde man schwach: **Die schwache Seite dieser Common Law Regelung war ihre Durchsetzbarkeit. (S.6)** Kein Wunder: **Das Beutesystem stand noch in voller Blüte. (S.34)** Aber: **Die unabhängigen Kommissionen sollten vom Beutesystem verschont bleiben (S.34)**

Mit Gasleitungen können − Erdöl und andere gasförmigen Stoffe ausgenommen - keine anderen Güter transportiert werden. (S.47) Gasförmiges Erdöl? Hält das gerichtlicher Nachprüfung stand? **Die Zügel gerichtlicher Nachprüfbarkeit werden gelockert. (S.95)** Das Gericht entscheidet: Erdöl ist gasförmig. **Die Entscheidung ist typisch für die gesamte Diskussion und deren Unfruchtbarkeit. (S.189)** So entstandener Druck muß befördert werden, nicht aber in Gasleistungen, denn der Druck ist nicht gasförmig, sondern flüssig. **Die Kanäle, durch die dieser Druck ausgeübt wird, verlaufen über das Präsidentenamt und den Kongress. (S.229)** Er bewegt sich nun in der richtigen Geschwindigkeit, nach einer **Geschwindigkeitsanpassung an die Wünsche der jeweiligen Träger der Gewalten. (S.247)** Nun hat sie ein Ende, **die beklagte Schlechterfüllung der Regulierungsaufgaben (S.274)** Doch übersehen wir dabei nicht **die Gefahr**

des verengten Blickwinkels infolge eines beschränkten Zuständigkeitsbereiches (S.253) ...

DR. ERNST ALBRECHT

(Staatswissenschaften in Bonn, 1958, im Alter von 28 Jahren, auf 233 Seiten)

Albrechts wissenschaftliche Schwammigkeit läßt sich am besten mit folgendem Satz belegen: **Grundsätzlich ist also die Zahlungsbilanzsituation als die Summe der Wirkungen einer Fülle von Faktoren zu sehen. (S.108)** So schreibt Sonnyboy Albrecht **in absteigender Bedeutungslinie (S.115)** über **Investitionsprobleme der Montangemeinschaft** (Titel der Dissertation). **In Anbetracht der Vermachtung des Marktes (S.190)** keine leichte Aufgabe.

Leider kann ich Ernst Albrecht hier nicht viele Seiten lang verreißen, denn er hat sich ein Thema gewählt, das so wenig eigene Denkleistung erfordert und keinerlei kontroverse Diskussionen aufwirft, daß ihm niemand was am Zeug flicken kann. Fleißig hat sich unser Ernst Carl Julius Albrecht durch ein Gebirge von Verträgen, Statistiken, Amtsblättern, Jahrbüchern und sonstigen Dokumenten, die kein gesunder Mensch freiwillig liest, gefressen und dies zu einer harmlosen Nacherzählung verkürzt. Mit ein paar schicken Tabellen immerhin 230 Seiten lang. Unser stromlinienförmiger Ernst verzichtet darauf, irgendeine These aufzustellen und bleibt neutraler Berichterstatter, auch wenn er das eine oder andere Kapitelchen **Kritische Betrachtungen** nennt. Wir sehen: ein staubtrockener Bürohengst kann es zu was bringen, wenn er die richtige Ausbildung hat. **Es ist mir ein Bedürfnis, meinem verehrten Lehrer, Herrn Prof. Dr. F. W. Meyer, an dieser Stelle von Herzen für seine jahrelange, warme Anteilnahme an meiner wissenschaftlichen und beruflichen Arbeit zu danken. Der unschätzbare Wert der empfangenen nationalökonomischen Ausbildung wird mir täglich neu bewußt. (Widmung)**

DR. ANTJE VOLLMER

(Philosophie und Sozialwissenschaften, Berlin, 1973, im Alter von 30 Jahren. Umfang: 316 Seiten)

Wer hätte das gedacht? Auch Antje Vollmer hat einen Doktortitel, einen philosophischen sogar. In der Einleitung schreibt sie treffend: **Methodisch geht diese Arbeit allein schon wegen der teilweise recht schwierigen Materialbeschaffung in großen Teilen dokumentarisch vor. Hauptquelle der Arbeit war also die in 15 Jahren mit durchschnittlich 500 Seiten erschienene Zeitschrift der Bewegung.** Auch Antje hat fleißig gelesen, 7500 Seiten, ein halber Meter im Regal. Für uns hat sie immerhin 316 Seiten aufgeschrieben, teilweise seitenlange Zitate.

Es geht um die **Neuwerkbewegung 1919-1935 - Ein Beitrag zur Geschichte der Jugendbewegung, des Religiösen Sozialismus und der Arbeiterbildung** (Titel) , also eine Art Wandervogel plus Sozialismus plus Religion. Gerade das richtige Betroffenheitsgemisch. Immerhin kann sie sich zugute halten, daß sie sich als erste für den Stoff interessiert hat. Also: Fortschritt für die Wissenschaft, gerade wie es die Promotionsordnung verlangt. Weiter so Antje, weiter so.

DR. HORST EHMKE

(Jura, Göttingen 1952, im Alter von 25 Jahren auf 178 Seiten)

Horst schreibt über die **Grenzen der Verfassungsänderung als Verfassungsproblem** (Titel). Die Hälfte seiner Arbeit verwendet er darauf, die lange Reihe der mehr oder weniger bekannten Theoretiker in Sachen Verfassungstheorie zu bemühen. Das muß er wohl, wenn's auch nicht sonderlich aufregend zu lesen ist.

Auf einem äußerst abstrakten Niveau diskutiert Ehmke ziemlich intelligent und sehr vorsichtig die Auffassungen dieses illustren Grüppchens zwischen Carl Schmitt und Hsü Dau-Lin, verschiedenen verfassungstheoretischen Cracks. Uns fehlt ein wenig der Bezug zu historischen Fällen, vor allem zu den gnadenlosen Verfassungsänderungskunststücken der Nazis. Auch reale Vorfälle wie das Ermächtigungsgesetz sind für die geistigen Höhenflüge der Verfassungstheorie scheinbar von minderer Bedeutung.

Formal gesehen eine normale, vernünftige Doktorarbeit, wenn auch ziemlich überflüssig.

DR. ALEXANDER KLUGE

(Rechtswissenschaft Frankfurt, 1958, im Alter von 26 Jahren auf 264 Seiten)

Wer nur den reifen Alexander Kluge durch seine unsäglichen Filme und schriftstellerischen Ergüsse kennt, möchte nicht für möglich halten, daß er eine derartig gelungene Doktorarbeit hingefummelt hat: **Die Universitäts-Selbstverwaltung, ihre Geschichte und gegenwärtige Rechtsform** (1958). Alles baut aufeinander auf, logisch, schlüssig, vernünftig, ausführlich und – unglaublich, aber wahr – sogar lesbar. Prädikat wertvoll, freigegeben ab 16 Jahren.

Dr. Alfred Biolek

(Rechtswissenschaft in Freiburg, 1962, im Alter von 28 Jahren auf 77 Seiten)

Schade, schade, schade. Wer Alfred Biolek als peinlich bemühte Betriebsnudel und Plaudertasche des deutschen Fernsehens kennt, hat sicherlich gehofft, in Bio's Dissertation den Ausbund an Schwachsinn und dummdeutschem Gelaber vorzufinden. Pech gehabt. Seine Arbeit über **die Schadensersatzpflicht des Verkäufers und des Herstellers mangelhafter Waren nach englischem Recht** (Titel) von 1965 ist zwar nicht gerade spannende Urlaubslektüre, aber immerhin halbwegs seriös zusammengebastelt. Mir hat besonders gefallen, daß er schon nach 77 Seiten (inklusive Widmung, Literaturverzeichnis etc.) aufgehört hat. Größter Nachteil der ansonsten erträglichen Dissertation: ich werde garantiert nicht in eine von Bio's Shows eingeladen, wie dies sicher geschehen wäre, hätte Bio nach einem Verriß seiner Schmonzette durch mich seinen Humor und seine Fähigkeit zur Selbstironie durch ein kleines Plaudergespräch mit mir (und Buch-in-die-Kamera-halten!!!) unter Beweis stellen können. Wie soll die Fernsehnation nun je herausfinden, ob der Mann Spaß versteht? Schade.

Dr. Peter Glotz

(Zeitungswissenschaft, München 1968, 226 Seiten im Alter von 29 Jahren)

«Buchkritik in deutschen Zeitungen» (Titel)

Kurz aufblättern, und schon klarer Fall: Glotz blickt durch. Deswegen war er auch immer der falsche Mann auf dem falschen Stuhl. Von den diesmal gesichteten Dissertationen die interessanteste.